초판 인쇄 | 2014년 06월 20일
초판 발행 | 2014년 06월 20일

저자 | 김화희

발행인 | 이인구
편집인 | 손정미
에디터 | 조영혜
사진 | 고영빈
보조 촬영 | 염윤정
디자인 | 나정숙
아기 모델 | 이채원

종이 | 영은페이퍼
출력 | 삼보프린팅
인쇄 | 영프린팅
제본 | 신안제책사

펴낸곳 | 한문화사
주소 | 경기도 고양시 일산서구 강선로 9, 1906-2502
전화 | 070-8269-0860
팩스 | 031-913-0867
전자우편 | hanok21@naver.com
등록번호 | 제410-2010-000002호

ISBN | 978-89-94997-30-8 13590
가격 | 23,000원

이 책은 한문화사가 저작권자와의 계약에 따라 발행한 것이므로
이 책의 내용을 이용하시려면 반드시 저자와 본사의 서면동의를 받아야 합니다.
잘못된 책은 구입처에서 바꾸어드립니다.

파워블로거 말괄량이의 바느질 노트
핸드메이드 패브릭 소품 DIY

김화희 지음

한문화사

Contents

Prologue

Photo essay

준비하기와 기본기 다지기
01. 준비하기 … 18
02. 기본기 다지기 … 25

Part 1.
쓰면 쓸수록 예쁜 패브릭 소품
01. Rainy day 테이블 매트 & 티 코스터 … 38
02. 튤립 정원 에이프런 … 44
03. 알록달록 부엉이 베개 커버 … 50
04. 바람개비 피크닉 매트 … 56
05. 아기 코끼리 욕실 매트 … 62
06. 귀여운 일러스트 노트 커버 … 68

Part 2.
화룡점정, 공간 꾸미기
07. 잠꾸러기 냥이 쿠션 … 76
08. 귀요미 아기 새 쿠션 … 82
09. 시선 고정 포인트 바란스 … 88
10. 유유히 나는 아기 새 모빌 … 94
11. 패브릭 색색볼 가렌다 … 100
12. 로맨틱 라탄 바구니 커버 … 106
13. 다용도 원형 수납 바스켓 … 112
14. 샤랄라 봄빛 원형 스툴 커버 … 118
15. 일석이조 수납 포켓 … 124

Part 3.
일상의 작은 기쁨, 파우치 & 백
16. 색다른 통장 파우치 … 132
17. 심플하고 깔끔한 필통 … 138
18. 프레임 안경 파우치 … 144
19. 봄비 파우치 … 150
20. 화사한 뷰티 파우치 … 156
21. 아담한 스마트폰 파우치 … 162
22. 요거 하나면 OK, Sewing bag … 168
23. 포인트로 들기 좋은 Easy bag … 176
24. 보랏빛 반달 크로스백 … 184

Part 4.
나만의 감각이 돋보이는 패션 아이템

25. Sweet day 베이비 턱받이 … 192
26. 사랑스러운 베이비 점프수트 … 198
27. 프린세스 베이비 파티 모자 … 204
28. 쁘띠 플라워 넥카라 … 210
29. 나만의 감각을 더하는 팬츠 … 216
30. 러블리 플라워 캐미솔 탑 … 224
31. 블랙 시크 허리끈 원피스 … 230
32. 언밸런스 민소매 롱 티셔츠 … 236

Part 5.
아주 쉽고 색다른 리폼 아이디어

33. 블라썸 옷걸이 … 242
34. 알록달록 카메라 스트랩 … 248
35. 개성 만점 폴딩 체어 … 254
36. 펠트로 꾸민 액자 메모 보드 … 260
37. 귀여운 캐릭터 티셔츠 … 266
38. 포인트 톡톡 청 반바지 … 272

Prologue

바느질은

나만의 감성을 담아내는 즐거운 작업

어렸을 적 친정 엄마는 삼 남매의 옷을 손수 만들어 입혀주셨어요. 늘 낡은 재봉틀을 바지런히 돌리셨고, 저는 그 옆에서 뜨개바늘과 털실들을 가지고 놀았지요. 엄마는 살림은 물론, 요리면 요리, 바느질이면 바느질, 그림이면 그림, 못하는 것이 없을 정도로 재주가 많으셨어요.

친정 엄마는 천생 여자였답니다. 저 또한 친정 엄마의 솜씨를 물려받아 천생 여자로 살고 있습니다. 엄마를 보고 자라면서 어릴 적부터 핸드메이드 작업에 대한 감성을 갖게 되었고, 자연스럽게 뭔가 만들고 꾸미는 걸 좋아하게 되었지요.

바느질을 시작한 건 10여 년 전이에요. 신혼 초 손수 소품들을 만들어 쓰고 집을 꾸미며 알콩달콩 살림 재미에 푹 빠져들었지요. 그때는 그저 재미있어서 시작한 바느질이 이렇게 직업으로 이어질지는 몰랐답니다. 그전에는 10년 동안이나 아이들에게 미술을 가르쳤고, 그 일이 천직인 줄 알고 살았으니까요. 그런데 지금은 바느질을 가르치고 바느질 책을 내며 살고 있습니다.

바느질을 하면 즐겁고 행복하고 뭔가 항상 설레는 것이 참 좋아요. 다양한 패턴과 컬러를 지닌 원단을 구경하는 것만으로도, 알록달록 예쁜 원단을 보면서 뭘 만들까 궁리하는 것도, 머릿속 디자인을 스케치로 옮기고 만드는 작업도, 각양각색 원단에 다양한 부자재를 매치해보는 것도 모두 즐거워요.

그런 즐거움이 모여 하나하나 작품이 되어갑니다. 모두 저만의 감성과 감각이 오롯이 담긴 것들이에요. 이런 소품을 만들어 쓰다 보면 작은 것 하나로도 얼마나 일상이 행복해질 수 있는지 감탄하게 됩니다.

이런 느낌을 더 많은 이들과 나누고 싶었습니다. 바느질을 시작하면서부터 '꼭 내 이름으로 된 바느질 책을 낼 거야!'라고 마음먹곤 했지요. 그러다 우연히 기회가 닿아 정말 내 스타일 대로, 내가 하고 싶은 대로 책 작업을 했습니다. 그렇게 해서 탄생한 첫 책이 〈바느질로 꾸미는 우리집〉이에요.

그리고 이제 다시 두 번째 책으로 저만의 감성을 전하게 되었습니다. 첫 책의 테마가 '집 꾸미기'라면, 이번 테마는 '패턴'이에요. 저는 다양한 패턴의 원단을 보기만 해도 즐거운 상상이 떠오르고 그림이 그려집니다. '서로 다른 원단을 매치해 무엇을 만들면 예쁘겠다'는 생각만으로도 즐겁지요. 특별한 장식 없이 패턴이나 컬러만 잘 매치해도 얼마든지 멋진 소품으로 탄생시킬 수 있으니까요. 그래서 '패턴'이라는 테마 아래 작업을 시작했고, 1년이 흐른 지금 저만의 감성을 그대로 담아 두 번째 책 〈핸드메이드 패브릭 소품 DIY〉를 내게 되었습니다.

늘 곁에서 내가 좋아하는 일을 무한 동력으로 해낼 수 있도록 응원해주는 나의 반쪽 윤동주 씨에게 감사하고 사랑한다고 말하고 싶습니다.
"당신이 있어 나의 꿈을 마음껏 펼칠 수 있어요. 진심으로 고마워요."

그리고 블로그 공간에서 언제나 변함없는 관심을 보내주시고, 토닥토닥 해주시는 말괄량이의 모든 이웃님들께 감사드립니다. 응원해주시는 수많은 나의 이웃님들이 있어 더욱 힘이 나고 늘 든든합니다!

엄마의 감성을 닮다

어릴 적부터 워낙 손으로 꼼지락거리는 걸 좋아했어요. 자연스러운 현상이었는지도 모르죠. 친정 엄마는 늘 뭔가를 만드셨어요. 우리 삼 남매의 옷을 만들거나 집 안의 다양한 소품들을 만들거나…. 엄마의 옛날 재봉틀 소리를 듣고 자라면서 자연스레 저도 뭔가 그리고 오리고 붙이는 걸 즐기게 됐어요.

엄마는 글도 참 잘 쓰셨어요. 어느 날 엄마의 일기장을 읽어본 기억이 나요. 글씨 하나 흐트러짐 없이 정갈했답니다. 엄마는 늘 글씨를 바르고 예쁘게 써야 한다고 하셨어요. 진솔한 마음을 담아서요. 덕분에 어렸을 적부터 글쓰기에 익숙해졌던 것 같아요.

엄마는 만화 같은 그림도 참 잘 그리셨죠. 엄마를 닮았는지 초등학교 때는 그림을 그리면 항상 교실 솜씨 자랑 게시판에 걸리거나 상을 타거나 했어요. 그림 그리는 걸 정말 좋아하고 재미있어했지요.

어찌 보면 이 모든 게 엄마를 보고 자라면서 예술적 감성이 조금씩 자라났고 자연스럽게 만들고 꾸미는 걸 좋아하게 됐기 때문인 듯해요.

나는

핸드메이드 패브릭 아티스트

스스로를 '핸드메이드 패브릭 아티스트'라고 소개하고 싶어요. 늘 패브릭을 보고 디자인을 해서 새로운 것을 만들어내니까요. 한 잡지에 인터뷰를 했는데, '핸드메이드 패브릭 아티스트'라는 수식어를 달고 기사가 나왔어요. 그 표현이 무척 마음에 들더라고요. 그때부터 스스로를 그렇게 부르고 있어요. 패브릭에서 영감을 떠올려 디자인하는 일도 예술이잖아요. 뭔가를 새롭게 창조해내는 일, 그게 바로 아티스트가 하는 일 아닐까요? 내가 좋아하는 일을 하면서 살 수 있게 된 건 그간의 노력과 끈기, 그리고 열정이 있었기에 가능했어요. 누구나 자신이 하고 싶어 하는 일 하나쯤 있을 거예요. 그것에 열정을 쏟으세요. 끈기를 가지고 열심히 도전하세요. 마음가짐이 가장 중요하답니다.

I'm happy to be playing with fabric.

패브릭,

생기로운 소품으로
다시 태어나다

흔한 천 조각들이 모여 옷이 되고, 신발이 되고, 가방이 되고, 이불이 돼요. 패브릭 하나로도 얼마든지 다양한 물건을 만들어낼 수 있어요. 어떻게 생각하고 디자인하느냐에 따라 각양각색 다채로운 옷과 소품으로 재탄생시킬 수 있답니다. 패턴과 패턴을 매치하는 건 정말 재미있어요. 컬러와 컬러를 만나게 해주는 건 참 흥미로워요. 각기 다른 이미지가 만나 색다른 느낌을 만들어내죠. 그렇게 조화를 이뤄 하나의 쓸모 있는 물건으로 다시 태어났을 때의 기쁨이란 이루 말할 수가 없답니다.

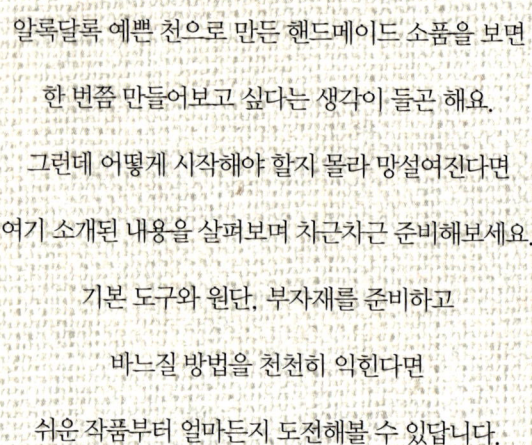

알록달록 예쁜 천으로 만든 핸드메이드 소품을 보면

한 번쯤 만들어보고 싶다는 생각이 들곤 해요.

그런데 어떻게 시작해야 할지 몰라 망설여진다면

여기 소개된 내용을 살펴보며 차근차근 준비해보세요.

기본 도구와 원단, 부자재를 준비하고

바느질 방법을 천천히 익힌다면

쉬운 작품부터 얼마든지 도전해볼 수 있답니다.

준비하기와 기본기 다지기

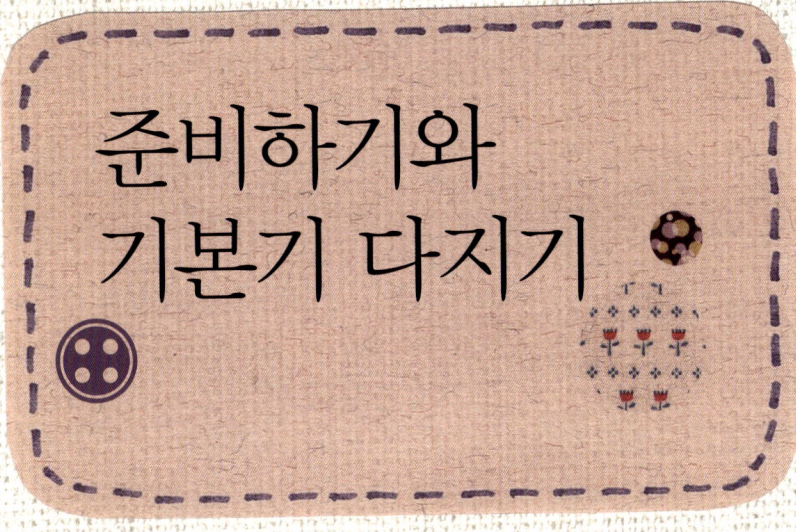

✿ 준비하기

기본 도구

1. 재단 가위

원단 전용 가위예요. 원단을 자를 때는 반드시 재단 가위를 사용해야 해요. 문구용 가위는 원단을 자르기 불편하고 오래 사용할 수도 없답니다. 재단 가위는 떨어뜨리거나 종이 등 원단 외에 다른 물건을 자를 경우 이가 나가 망가질 수 있으므로 오래 사용하려면 보관도 잘해야 해요.

2. 겸자

톱니 날이 맞물려 있어 솜을 집어넣거나 원단을 잡아서 뒤집을 때 사용하기 좋아요.

3. 작은 가위

조각 원단이나 작은 사이즈의 원단을 자를 때 사용하면 편리해요.

4 쪽가위

실을 정리하거나 리본 같은 끈류 등을 자를 때 사용해요.

5 원형자

옷을 만들 때 반드시 필요한 부자재예요. 소품을 만들 때나 원형 둘레를 잴 때 사용하면 편리해요.

6 펜

시접을 그리거나 그림을 그려서 손바느질을 할 때 사용해요. 깔끔하고 견고하게 선을 그을 수 있답니다. 펜은 기화성 펜과 수성펜 두 종류가 있어요. 기화성 펜은 시간이 지나면 선이 자연스럽게 사라지고, 수성펜은 물을 뿌려서 지우거나 세탁하면 선이 사라집니다.

7 시침핀, 바늘

시침핀은 원단을 겹쳐서 바느질할 때 원단을 고정시키는 용도로 사용해요. 되도록 길고 가는 것이 좋답니다. 바늘은 용도에 따라 선택해서 사용하면 돼요. 얇은 원단에는 가늘고 짧은 바늘을 사용하는 것이 좋고, 두꺼운 원단에는 굵고 긴 바늘을 사용하는 것이 좋아요. 바늘 끝이 부드럽고 곧은 바늘이 좋은 바늘이에요.

8 초자고

원단에 점이나 선 등을 표시할 때 사용해요. 이걸로 표시하면 잘 보이는데, 특히 어두운 원단 위에 선을 그릴 때 사용하면 좋아요. 표시된 점이나 선은 다림질하면 지워져요. 단단해서 잘 부러지지 않고, 1박스에 50개가 들어 있어 경제적이에요.

9 자

시접 선을 그릴 때 꼭 필요해요. 방안지 모양으로 선이 그려진 투명 플라스틱 자가 사용하기 편리해요. 눈금 표시에 따라서 센티미터를 계산해서 그리면 되거든요.

원단 소개

1 면

저는 주로 30수, 40수의 면 원단을 많이 사용해요. 소품을 만들 때 가장 많이 쓰이는 원단으로 두께가 적당해서 초보자들도 다루기 편해요.

2 리넨

리넨 하면 흔히 내추럴한 색감을 떠올릴 텐데요. 요즘에는 수입 원단뿐만 아니라 국산 원단들도 알록달록 다양한 패턴이 들어가 있는 것들이 많답니다. 저는 내추럴한 것보다 색감이 있는 리넨 원단을 좋아해요. 크고 작은 다양한 소품뿐만 아니라 커튼이나 침구 등을 만들 때도 사용한답니다.

3 옥스퍼드

면보다 두꺼워서 가방, 앞치마 등을 만들거나 커버링하기 좋아요.

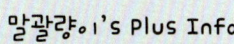

원단은 두께와 특성에 따라 용도가 달라져요

원단에서 '수'의 의미

천연섬유 원단을 선택할 때 10수, 20수, 30수, 40수…, 이런 말을 많이 들어보셨을 거예요. 솜 1g으로 10m의 실을 만들어 짠 원단이 10수, 1g으로 20m의 실을 만들어 짠 원단이 20수예요. 때문에 단위가 낮을수록 굵고 거칠며, 단위가 높을수록 얇고 부드러워요. 쉽게 풀어 설명하면 10수, 20수, 30수…, 이렇게 숫자가 점점 커질수록 원단의 두께가 얇고요, 반대로 숫자가 작을수록 두꺼워요. 화학섬유는 숫자가 커질수록 두껍답니다.

원단의 종류와 쓰임새

면 천연섬유 중 소비량이 가장 많은 원단으로 내구성이 좋아 실용적이기 때문에 다양한 용도로 사용해요.

양면 2개의 원단을 앞뒤로 합쳐놓은 것으로 일반 원단에 비해 부드럽고 착용감이 좋으며, 조금 비싼 편이랍니다. 가을, 겨울옷이나 유아복, 신생아 용품을 만드는 데 사용해요.

특양면 양면 원단 사이에 다른 섬유를 섞어 탄탄한 느낌을 더한 원단으로 맨투맨 티셔츠, 후드 티셔츠 등을 만들 때 사용해요.

10수 캔버스 원단이 두툼해 구김이 적고 마찰에 강해요. 세탁 후 줄어드는 경향이 있어 선세탁을 해주어야 해요. 소파 커버링 등 두꺼운 커버링을 할 때 사용해요.

20수 옥스퍼드 캔버스의 단점이 보완되어 적당한 두께감을 가지고 있으며, 먼지가 적고 늘어짐도 없어요. 세탁 후 줄어드는 경향이 있기 때문에 선세탁을 해야 해요. 적당한 두께의 소파 커버링을 하거나 쿠션 커버, 가방, 셔츠 등을 만들 때 사용해요.

30수 해지, 체크 원단 해지 원단은 청바지 원단과 비슷한데 좀 더 얇은 원단이에요. 주로 해군이 많이 사용한다고 하여 해지라고 불린다고 하네요. 체크 원단은 말 그대로 체크가 프린트된 원단이에요. 커튼, 이불, 식탁보, 얇은 청남방, 체크 셔츠 등을 만들면 좋아요.

40수 트윌 두께가 프린트하기 적당해서 프린트 원단이 많아요. 색감이 화려한 프린트 원단도 있고요. 주로 침구류를 만들 때 사용해요.

60수 아사 얇은 원사로 만들기 때문에 결이 아주 고운 원단이에요. 여름에 주로 사용하는데, 아기 옷, 여름 의류, 여름 이불, 손수건 등을 만들면 좋아요.

워싱면 특수 세탁되어 나온 원단으로 톡톡하고 잘 수축되지 않아요. 주로 침구류를 만들 때 사용해요.

쭈리 특양면의 안쪽 면을 타올처럼 가공한 원단이에요. 트레이닝복이나 후드 티셔츠를 만들 때 주로 사용해요.

기모 쭈리 안쪽에 잔털이 발생하도록 가공된 원단이에요. 추운 겨울에 대비한 옷이나 소품 등을 만들 때 주로 사용해요.

리넨 삼의 줄기나 껍질로 만든 원단으로 내추럴한 느낌이 좋아요. 커튼, 침구, 소품, 여름 의류 등을 만들 때 다양하게 사용해요. 종류는 혼마, 면마, 레이온마 등이 있어요.

모(울) 양털로 만든 양모로 앙고라, 캐시미어(산양에서 얻어낸 모 섬유), 알파카 등이 포함돼요. 비벼 빨면 수축되기 때문에 울 세탁을 하거나 드라이클리닝을 해야 해요.

바느질할 때 주로 쓰이는 실

일반 재봉사 손바느질이나 재봉용으로 사용되며, 시중에서 쉽게 구할 수 있어요.

코아 재봉사 짱짱하고 탄력이 있어 바느질할 때 잘 끊어지지 않고, 신축성이 있는 원단에도 바느질하기 좋아요.

가죽 전용 실 가죽, 레자 전용 핸드 퀼팅실로 꼬이지 않고 가죽에 잘 밀착돼요. 장력이 좋아서 잘 끊어지지 않고, 광택이 있어 고급스러워요.

후직스퀼팅실 퀼트나 패치워크용으로 장력이 뛰어납니다. 실이 견고해 꼬이지 않고 잘 풀어지지도 않아요. 바늘구멍에 끼우기 편리하고 바느질하는 느낌도 부드러우며, 깔끔하게 마무리돼요.

 부자재 소개

1. 싸개 단추

자투리 원단으로 직접 만든 싸개 단추예요. 싸개 단추 기계가 있으면 자투리 원단으로 단추를 만들어 유용하게 사용할 수 있어요. 기계가 없다면 원단 사이트에서 파는 제품을 구입해서 활용하면 돼요. 직접 만든 제품에 싸개 단추를 달아 장식하면 앙증맞고 예쁘답니다.

2. 색깔 단추

완성된 소품에 알록달록 색깔 단추로 포인트를 주면 귀여운 느낌을 살릴 수 있어요.

3. 나무 단추

나무의 내추럴한 느낌을 그대로 살려서 만든 단추예요. 퀼트 작품이나 소품, 옷 등의 장식용으로 두루두루 활용하기 좋아요.

4. 가죽 라벨 스티커

부드러운 질감의 인조가죽으로 만든 라벨 스티커로 패브릭뿐만 아니라 어디에나 붙여도 어울려요. 붙인 후 박음질할 수 있고, 코팅 처리가 되어 있어 물세탁해도 변색되지 않는답니다.

❺ 면 라벨지

심플하거나 귀엽거나 다양한 프린트가 되어 있는 면 라벨지를 파우치나 가방 등에 달아주면 보다 완성도 있어 보여요. 라벨 폭 사이즈도 다양해 소품에 따라 골라 사용하면 돼요. 스탬프를 찍어서 활용할 수 있는 무지 면 라벨지도 있어요.

❻ 스탬프와 스탬프 패드

그림이나 글자가 새겨진 스탬프를 활용해 라벨이나 원단을 꾸며도 재미있어요. 시중에는 다양한 크기와 모양의 스탬프가 많이 나와 있답니다. 스탬프를 패브릭 전용 스탬프 패드에 찍어서 무지 면 라벨지나 원단 위에 찍어낸 다음, 다림질로 열을 가해주면 세탁 후에도 지워지지 않는답니다.

❼ 다양한 레이스

여러 가지 다양한 모양의 레이스는 원단만큼이나 많이 사용되는 부자재예요. 밋밋한 원단에 레이스 하나만 둘러주어도 느낌 참 좋아지죠. 일반적인 레이스는 로맨틱한 느낌을, 방울 레이스는 귀여운 느낌을 준답니다.

기본기 다지기

기본 바느질법

1 홈질

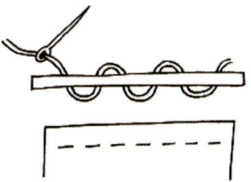

손바느질의 기본이 되는 바느질 방법으로 2개의 천을 이을 때 사용되며 앞뒤의 바늘땀이 같아요. 손바느질로 주름을 만들 때 홈질하여 실을 잡아당기면 주름을 잡을 수 있어요.

2 박음질 or 백 스티치

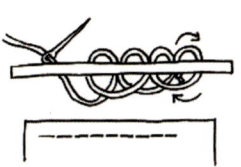

가장 튼튼하게 바느질하는 방법으로 선이 정확하게 표현돼요. 곡선 부분에는 바늘땀을 작게 해서 바느질하면 곡선을 매끄럽게 표현할 수 있어요.

3 공그르기

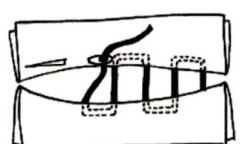

시접의 접힌 부분을 바늘로 살짝 떠서 바느질하는 방법이에요. 바느질 표시가 나지 않아 창구멍을 막을 때나 인형을 만들 때 좋아요.

4 감침질

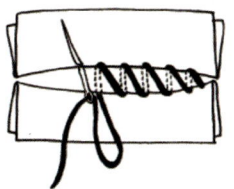

끝단을 처리하거나 아플리케 하는 등 두 원단 끝을 연결할 때 쓰는 방법으로 바늘땀이 사선으로 어슷하게 나타나요.

5 새틴 스티치

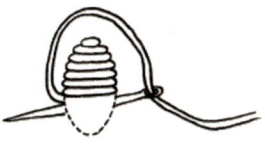

동물이나 인형의 눈, 코 등 원하는 모양의 칸을 메울 때 쓰는 바느질 방법이에요. 펜으로 그린 라인을 따라서 왔다 갔다 반복하면서 면을 채워줍니다.

6 매듭짓기

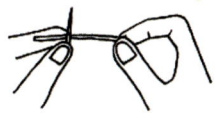 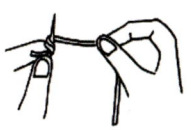 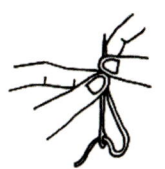 

왼손에 바늘과 실 끝을 잡고 오른손으로 실을 바늘에 두세 번 감아준 후, 왼손은 감긴 부분을 누르고 오른손으로는 바늘을 빼냅니다.

# 재단하기

1 원단의 방향

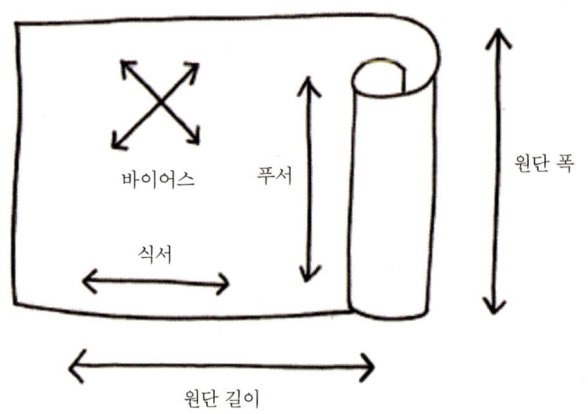

식서 원단 길이 방향이며 늘어나지 않아요.
푸서 원단 폭 방향이며 원단이 늘어나요.
바이어스 원단을 45도로 경사지게 자르는 것을 말해요. 신축성이 좋아 곡선 처리를 할 때 주로 쓰여요. 의류를 만들 때도 바이어스 재단을 하는데, 인체의 굴곡에 따라 자연스럽게 선이 흐르기 때문에 입체적으로 아름답게 표현할 수 있으며 편안한 느낌을 살릴 수 있어요.

2 원단 재단하기

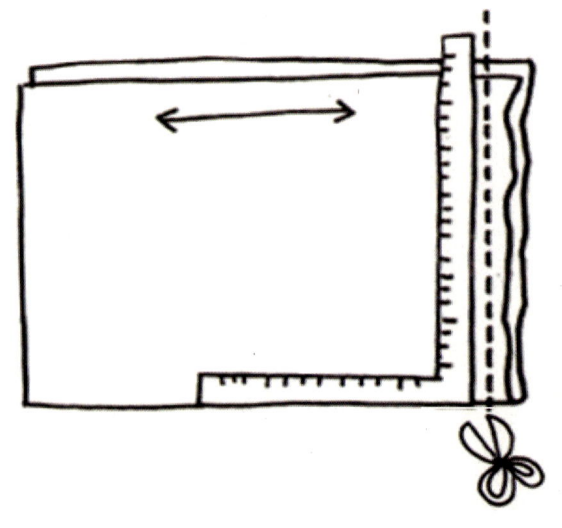

① 원단을 푸서 방향으로 반으로 접어요. 접힌 면에 주름이 지지 않도록 잘 펴서 접어 주세요.
② 직각자를 직각이 접힌 면에 맞도록 놓아요.
③ 원하는 사이즈를 표시하고 재단해요.

바이어스 처리하기

1 바이어스 자르기

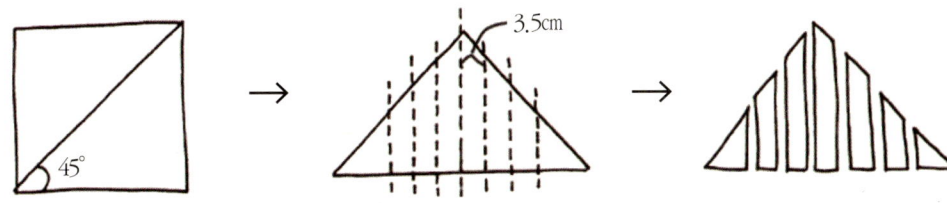

2 바이어스 연결하기

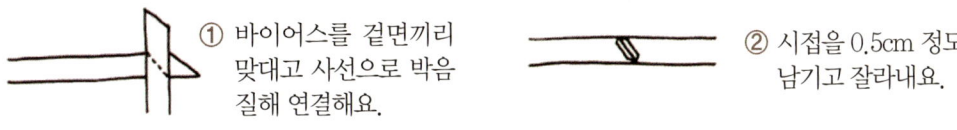

① 바이어스를 겉면끼리 맞대고 사선으로 박음질해 연결해요.

② 시접을 0.5cm 정도 남기고 잘라내요.

3 바이어스 감싸기

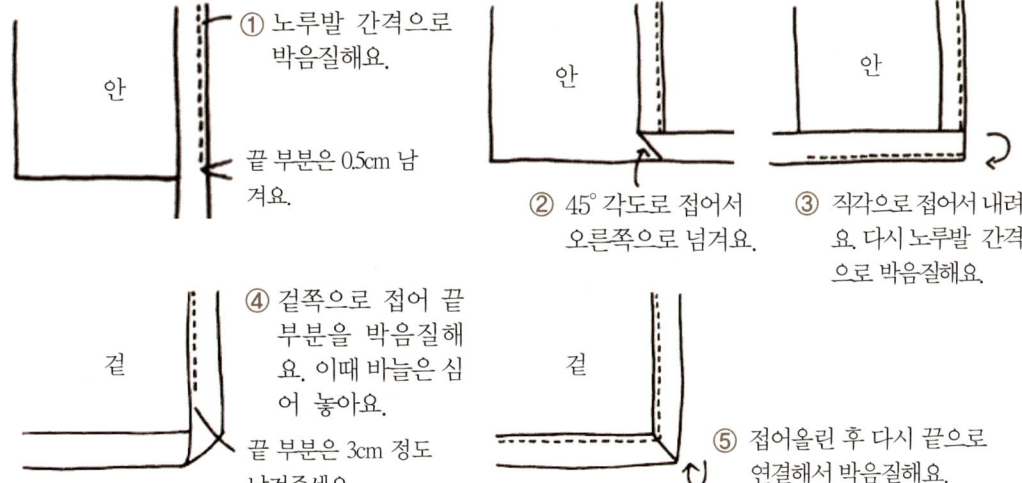

① 노루발 간격으로 박음질해요.

끝 부분은 0.5cm 남겨요.

② 45° 각도로 접어서 오른쪽으로 넘겨요.

③ 직각으로 접어서 내려요. 다시 노루발 간격으로 박음질해요.

④ 겉쪽으로 접어 끝 부분을 박음질해요. 이때 바늘은 심어 놓아요.

끝 부분은 3cm 정도 남겨주세요.

⑤ 접어올린 후 다시 끝으로 연결해서 박음질해요.

4 곡선 바이어스 감싸기

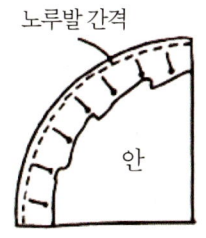

① 원단 안면과 바이어스 겉면을 맞대고 시침핀으로 고정해서 박음질하면 수월하게 할 수 있어요.

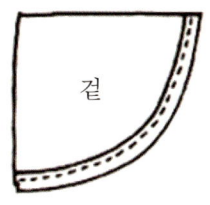

② 겉쪽에서 바이어스를 접어 올려서 끝 쪽으로 박음질하면 돼요. 직각 바이어스보다 곡선 바이어스가 작업하기 쉬워요. 단, 노루발 간격이 잘 맞지 않으면 바이어스가 많이 울어버리니까 박음질 간격에 신경 써주세요.

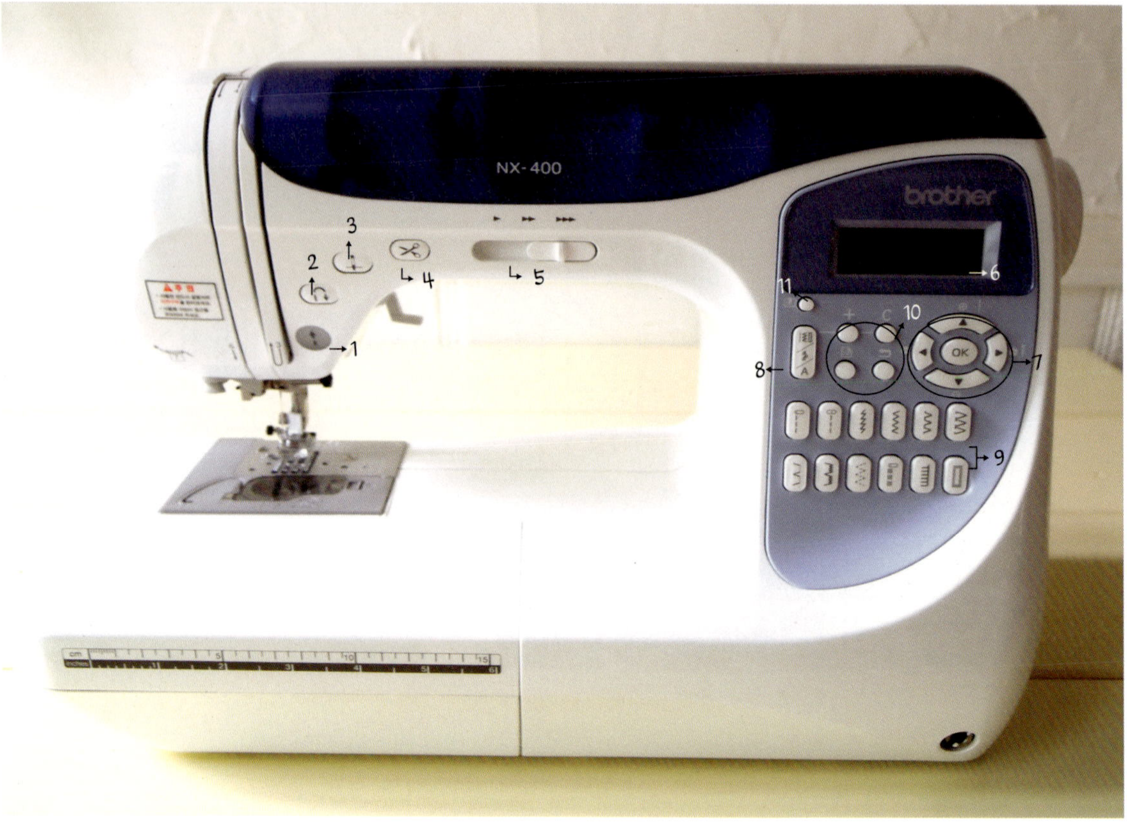

재봉틀 기능

1 시작 · 멈춤 버튼

재봉을 시작하거나 멈출 때 사용합니다. 동작 상태에 따라 버튼의 색상이 녹색, 적색 또는 오렌지색으로 변합니다.

2 후진 · 보강 재봉 버튼

후진·보강 재봉을 할 때 누릅니다. 버튼을 누른 채 재봉을 하면 반대 방향으로 후진 재봉됩니다.

3 바늘 상하 위치 버튼

이 버튼을 눌러 바늘 위치를 올리거나 내립니다. 버튼을 두 번 누르면 한 땀이 재봉됩니다.

4 실 자르기 버튼

윗실, 밑실을 자를 때는 재봉을 멈춘 후 실 자르기 버튼을 누릅니다.

5 재봉 속도 조절기

좌우로 밀면서 속도를 조절합니다.

⑥ LCD
설정이 잘못되었거나 작동을 잘못했을 경우 에러 메시지가 LCD에 나타납니다.

⑦ 화살표 키
스크린에 표시된 항목을 선택하기 위해 지시된 방향으로 이동할 때 사용하며, 선택된 항목을 적용할 때는 OK를 누릅니다.

⑧ 재봉 선택 키
원하는 재봉을 선택할 때 사용합니다.

⑨ 재봉 키
자주 사용하는 12개의 재봉 유형 중 하나를 빨리 선택할 때 사용합니다.

⑩ 동그란 키 4개
+키 문자 또는 장식 재봉을 조합하여 재봉할 때 사용합니다.
C키 조합된 문자 또는 장식 재봉을 해제할 때 사용합니다.
설정 키 자동 후진 · 보강 재봉 또는 조작음 등과 같이 재봉 설정을 선택할 때 사용합니다.
되돌리기 키 앞의 스크린으로 돌아갈 때 사용합니다.

⑪ 재봉 도움말 키
이 키를 누르면 조작 정보를 볼 수 있습니다. 윗실 처리에 대한 간단한 사항, 실토리 설치, 실토리 감기, 노루발 교환에 대한 정보를 알 수 있습니다.

원단에 따라 미싱 바늘을 선택해주세요

9호 얇은 원단 전용으로 주로 시폰, 안감 등을 바느질할 때 사용해요.

11호 니트 등 신축성이 있는 원단을 재봉할 때 적합해요. 실 상태는 느슨하게, 누르는 압력은 약하게 조정해서 바느질하세요.

14호 일반적으로 많이 사용하는 미싱 바늘로, 중간 두께의 원단이나 두꺼운 원단을 재봉할 때 주로 사용해요.

16호 가정용 데님 전용 바늘로 데님 등 두꺼운 원단을 재봉할 때 사용해요.

재봉틀 사용법

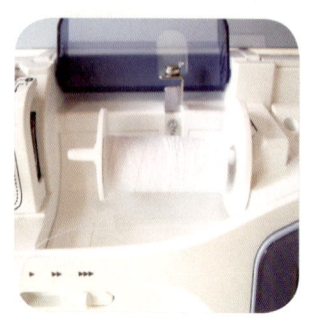

윗실 끼우기

* 노루발을 놓고 바늘을 올린 상태에서 윗실 걸기를 시작하세요.

① 실을 실패꽂이에 끼우세요. 실패꽂이에 꽂힌 실패가 수평이 되도록 밀고, 실패의 앞쪽 밑에서부터 실이 풀리게 하세요.

④ 3번 경로를 따라서 실을 아래로 내려주세요.

실패의 위치가 정확하지 않아 실패의 실이 잘 풀리지 않으면, 실이 실패꽂이 부근에서 엉킬 수 있어요.

⑤ 4번 경로를 따라서 실을 걸어주세요.

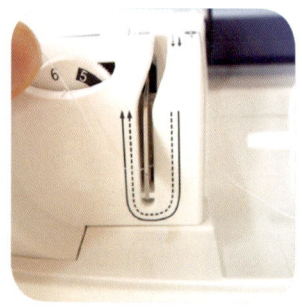

② 재봉틀에 표시된 1번 경로를 따라서 실을 U자 모양으로 걸어주세요.

⑥ 5번 경로를 따라 실을 내려주세요.

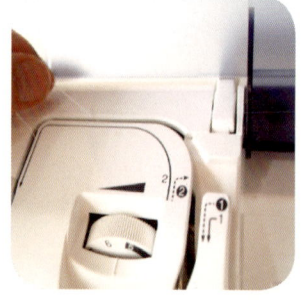

③ 2번 경로를 따라서 실을 왼쪽으로 끼워주세요.

⑦ 바늘대 실걸이를 통과시킨 후 7번의 실가이드에 실을 통과시켜 주세요.

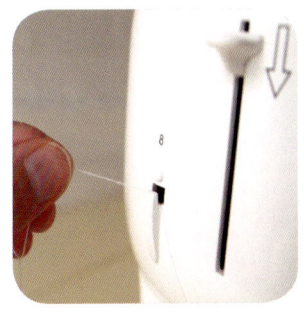
⑧ 8번 커터에 실을 끊어주세요.

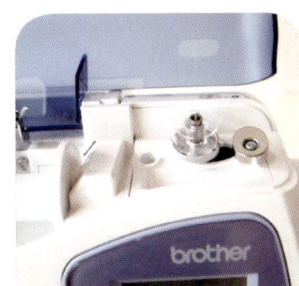
⑫ 밑실 감기 축에 실토리가 끼워진 모습이에요.

⑨ 9번의 스위치를 찰칵 하는 소리가 날 때까지 아래로 내려주세요.

⑬ 밑실 감기 경로를 따라 실을 끼워준 후 실토리에 시계 방향으로 네다섯 번 감아주세요.

⑩ 실이 바늘에 걸리면 뒤쪽으로 실을 빼주세요.

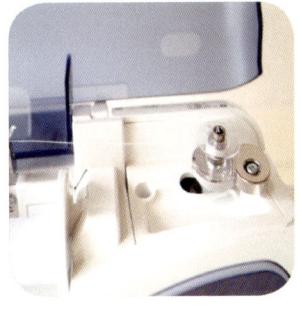
⑭ 밑실 감기 축을 오른쪽으로 밀어준 후 발판을 밟아서 밑실을 감아주세요. 밑실은 실토리의 70% 정도만 감아주는 게 적당해요.

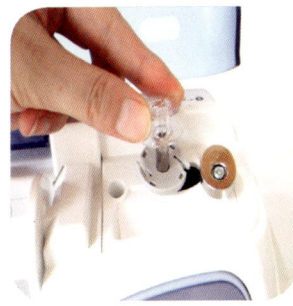

밑실 감기
⑪ 밑실 감기 축에 실토리를 끼워주세요.

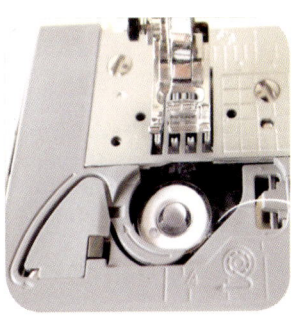

밑실 끼우기
⑮ 실토리에 실이 풀리는 방향을 시계 반대 방향으로 놓고 실토리를 북집에 넣어주세요.

⑯ 반달 모양으로 화살표 방향이 표시된 곳에 실을 걸어준 후 왼쪽으로 실을 옮기세요.

⑱ 투명 커버를 닫아주세요.

*밑실을 끌어당기지 않아도 재봉을 시작할 수 있습니다.

⑰ 왼쪽 틈으로 실을 통과시킨 후 커터에 실을 잘라주세요.

재봉틀의 실 경로 표시를 보고 따라 끼우세요

재봉틀의 모델에 따라서 윗실 끼우는 방법이 조금씩 다르답니다. 재봉틀마다 실 경로 표시가 숫자와 점선으로 표시되어 있으니, 그 표시를 따라 실을 끼우면 어렵지 않을 거예요. 단, 반드시 경로에 따라 바르게 실을 걸어야 재봉할 때 문제가 생기지 않아요.

노루발의 종류

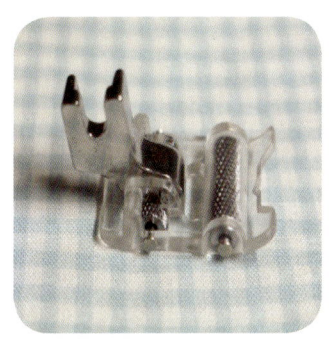

롤러 노루발

다이마루 · 비닐 · 래미네이트 · 가죽 원단 등 잘 늘어나거나 밀리는 원단의 경우 밀리지 않고 작업할 수 있도록 도와주는 노루발이에요.

지그재그 노루발

재봉틀을 구입하면 기본적으로 장착되어 있는 기본 노루발이에요. 직선과 곡선, 지그재그 모양으로 재봉할 수 있어요.

말아박기 노루발

원단이 말려 들어갈 수 있게 노루발 끝이 구부러져 있어요. 얇은 원단으로 프릴을 만들거나 안감 밑단을 박을 때 이용하면 깔끔하게 처리할 수 있어요.

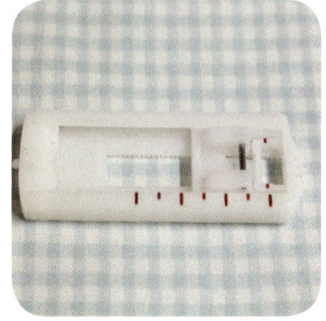

단춧구멍 노루발

원하는 크기의 단춧구멍을 만들 수 있어요. 0.5cm 간격으로 눈금이 표시되어 있어 작은 구멍부터 최대 3cm 길이의 구멍까지 만들 수 있어요.

지퍼 노루발

각종 지퍼를 달거나 얇은 파이핑 처리를 할 때 사용해요. 지퍼나 파이핑의 옆선에 가깝게 재봉할 수 있어요.

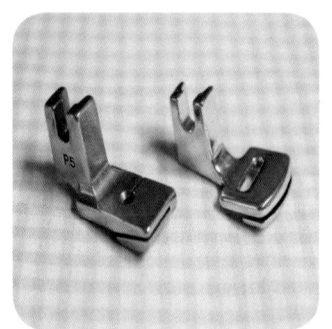

주름 노루발

주름을 잡을 때 사용해요. 얇은 원단일수록 주름이 잘 잡혀요. 바늘땀의 수와 장력의 수를 크게 놓은 후 주름을 잡아주세요.

데프론 노루발

극세사나 퍼 원단은 일반 노루발로 박음질할 경우 심하게 밀리면서 뒤틀리는 경우가 많아요. 데프론 노루발을 이용하면 이런 원단도 밀리지 않게 박음질할 수 있어요.

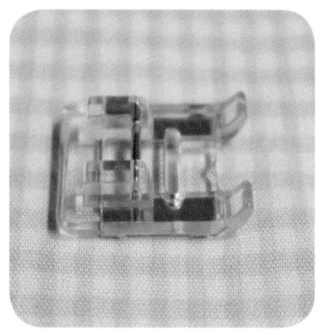

얇은 원단 노루발

시폰, 아사, 거즈, 얇은 다이마루 원단 등 힘이 없는 원단도 편리하게 재봉할 수 있도록 해주는 노루발이에요. 자꾸만 움직여 마음대로 되지 않는 원단 때문에 속상했다면 얇은 원단 노루발을 이용해보세요.

말괄량이's Plus Info

"재봉틀이 마음대로 안 돼요"

Q 바늘이 자꾸 부러지는데 어떡하죠?
A 바늘이 부러지는 이유는 바늘이 휘거나 바늘 끝이 손상되었기 때문인 경우가 많아요. 가령 두꺼운 원단을 박음질할 때 바늘이 휘는 경우가 많은데, 그 정도가 심하면 바로 교체하게 되지만 미세하면 발견하지 못하고 그냥 지나치게 돼요. 이럴 때는 바늘을 빼서 새 바늘과 비교해보면 차이가 나는 것을 알 수 있답니다. 바늘 끝이 손상됐는지는 바늘 끝을 손가락 끝으로 살짝 문질러보면 알 수 있어요. 바늘 끝에서 거친 느낌이 나면 손상된 것이니 바로 교체해 주세요. 초보자 분들은 한 번 바늘을 끼우면 부러지지 않는 이상 교체하지 않고 계속 사용하는 경우가 많더군요. 원활한 작업을 위해서는 주기적으로 바늘을 점검해주는 게 좋아요.

Q 원단에 따라 장력을 어떻게 조절해야 하나요?
A 장력은 실을 잡아당기는 힘이에요. 얇은 원단의 경우에는 장력의 숫자를 보통 바느질하는 장력보다 작은 수로 놓고 하는 게 좋아요. 보통 원단을 바느질할 때의 장력으로 얇은 원단을 박음질하면 울기도 하는데, 이럴 때는 장력의 세기를 약하게 해서 박음질하면 돼요. 두꺼운 원단의 경우에는 장력의 수를 살짝만 높여서 박음질해보세요. 실을 당기는 힘이 조금은 세져서 튼튼하게 박음질이 될 거예요. 보통 원단이 울거나 터지는 건 장력이 잘못되어서 그런 경우가 많아요. 재봉틀 모델에 따라 장력 숫자가 다 다르므로 설명서를 꼼꼼히 읽어보고 작업하세요.

Q 일반 재봉틀로 오버로크가 잘되지 않는데 어떡하죠?
A 가정용 재봉틀은 오버로크 전용 재봉틀처럼 오버로크가 되지는 않는답니다. 가정용 재봉틀에 있는 오버로크 기능을 이용하면 오버로크가 된다기보다 지그재그 바느질이 된다고 볼 수 있어요. 단, 어느 정도 고가의 가정용 재봉틀인 경우에는 오버로크 패턴이 다양하게 내장되어 있어 오버로크 처리를 보다 깔끔하게 할 수 있답니다. 고가 미싱이 아닌 보통 가격대의 미싱에도 오버로크 기능 패턴이 2~3종류는 있어요. 그것을 잘 활용해도 괜찮습니다.

Q 지그재그 박음질을 하려고 하는데 지그재그 모양이 나오지 않고 바늘땀도 생기지 않아요. 왜 그럴까요?
A 바늘에 문제가 있는 것 같아요. 바늘 끝이 손상되면 바늘땀이 건너뛰거나 생기지 않기도 하거든요. 바늘을 교체해보세요.

Q 밑실이 울면서 박히는데요?
A 밑실에 문제가 생기는 이유는 북집에 밑실이 제대로 끼워져 있지 않기 때문입니다. 밑실이 들뜨거나 우는 경우에는 북집에서 실토리를 꺼내 다시 제대로 끼워주세요. 그런 다음 자투리 원단에 재봉을 해본 후 시작하세요.

마음에 쏙 드는 소품 하나만 있어도
일상이 행복해진다는 거 아세요?
예쁜 테이블 매트는 상차림의 즐거움을 더해주고
귀엽고 포근한 베개는 잠자리를 더욱 편안하게 해준답니다.
직접 만든 소품을 써보면서
자신만의 라이프 스타일에 생동감을 불어넣어보세요.

Part 1

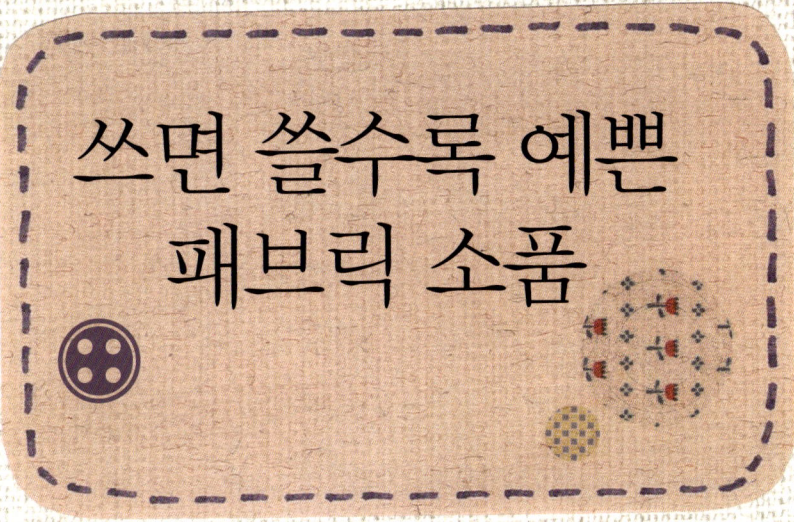

쓰면 쓸수록 예쁜
패브릭 소품

01

Rainy day
테이블 매트
& 티 코스터

특별한 날엔 조금 색다른 테이블 세팅에 도전해보면 어떨까요? 평범한 식탁에 상큼함을 더해주는 테이블 매트와 티 코스터를 준비해보는 거예요. 구름과 빗방울이 아기자기하게 그려진 블루 컬러의 원단과 깔끔한 화이트 원단을 매치해 대비를 이루도록 하고, 빨간색 실로 자수를 놓아 핸드메이드 느낌을 살려주세요. 앙증맞고 예쁜 테이블 매트와 티 코스터만 있다면 정성스럽게 준비한 음식이 더욱 맛있게 느껴질 거예요.

어떻게 만들까?

재료

테이블 매트
앞판 a 32×32cm 1장, 앞판 b 13×32cm 1장, 뒤판 43×32cm 1장, 누빔지 43×32cm 1장

티 코스터
앞판 a 9×12cm 1장, 앞판 b 5×12cm 1장, 뒤판 12×12cm 1장, 누빔지 12×12cm 1장, 바이어스 205cm 1줄
* 말괄량이 사용 원단 – 옥스퍼드 1마

재단

테이블 매트

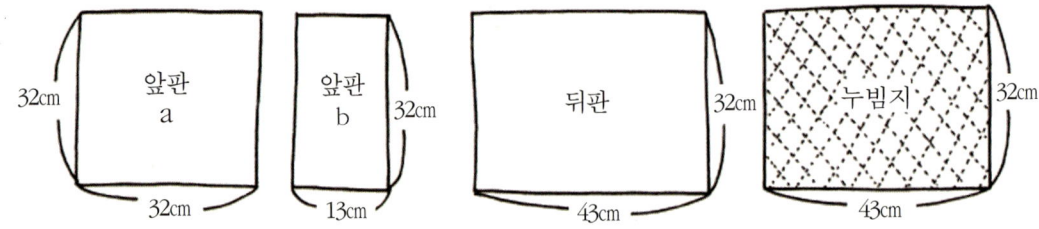

티 코스터

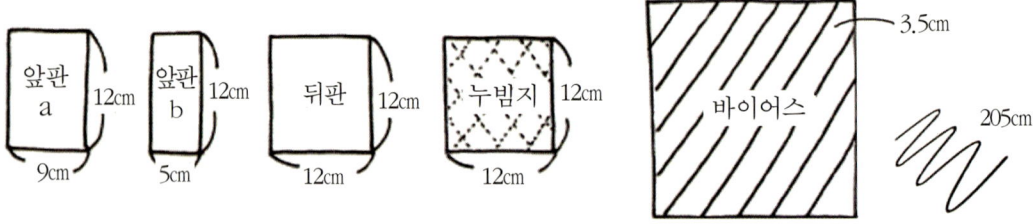

만들기

01 앞판 a, b를 준비해요.

02 a, b를 겉면끼리 맞대고 시접 1cm로 박음질해요.

03 시접을 오른쪽으로 꺾어서 다림질해요.

04 빨간색 실로 홈질해요. 바늘땀은 짧게 바느질해주세요. 네 모서리를 굴려서 잘라주세요.

05 티 코스터도 2~4와 같은 방법으로 만들어놓아요.

06 한쪽 면에 글자를 적어요.

07 백 스티치로 글자를 표현해요.

08 완성된 글자예요. 바늘땀이 일정하도록 바느질해야 예뻐요.

09 테이블 매트와 티 코스터 앞판과 누빔지를 안면끼리 각각 맞대고 둘레를 오버로크 처리해요.

10 뒤판을 넛대서 다시 한 번 둘레를 오버로크 처리해요.

11 뒷면과 바이어스의 겉면을 맞대고 시작 부분을 2cm 정도 접어서 노루발 간격으로 박음질해요.

12 앞쪽에서 접어 감싸주어 박음질해요.

13 완성된 모습이에요.

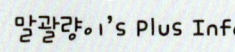

원단의 특성에 따라 선세탁을 해주세요

모든 원단은 세탁을 하면 눈으로 봤을 때 차이를 느낄 수 없을 정도로 아주 미묘하게 줄어들어요. 그중에서 리넨은 가장 많이 줄어드는 원단이에요. 때문에 반드시 선세탁을 해주어야 해요. 게다가 리넨은 생산될 때 염료가 들어간다고 해요. 세탁을 하면 염료를 제거할 수 있어요.

다른 원단도 마찬가지예요. 가공된 원단에는 유해 성분이 들어 있거나 먼지가 붙어 있을 수도 있으니, 선세탁을 한 후에 사용하는 게 좋아요. 선세탁을 하면 간혹 색감이 빠지는 원단이 있어요. 색감이 빠지는지 알아보기 위해서는 가로세로 30cm로 잘라서 물에 담갔다가 말려보세요. 이전과 이후의 변화를 살펴보면서 색감이 빠졌는지, 줄어들었는지 등을 판단할 수 있어요. 선세탁은 세제를 풀지 않은 미지근한 물에 1시간 정도 담갔다가 헹궈서 말리면 돼요. 미온수에 담가놓으면 약간 물이 혼탁해져요. 잘 헹궈서 다시 물에 살짝 담가놓았다가 헹군 후에 탁탁 털어서 건조대에 널어 말리세요. 살짝 덜 말랐을 때 걷어서 다림질하면 깔끔하게 잘 펴져요. 완전히 건조되면 많이 구겨져서 다림질을 해도 잘 펴지지 않는 경우가 있어요.

핸드메이드 패브릭 소품 DIY

02

튤립 정원 에이프런

사랑하는 사람을 위해 요리할 때는 부엌에서도 예쁘게 보이자고요. 싱그러운 패턴이 그려진 앞치마를 두르고 음식을 만들면 산뜻해 보일 뿐만 아니라 요리하는 즐거움도 배가되겠죠. 좋아하는 패턴 원단과 단색 원단을 적절하게 이어 붙이고 허리끈으로 포인트를 준다면 나만의 디자인을 완성할 수 있어요.

Part 1 쓰면 쓸수록 예쁜 패브릭 소품

어떻게 만들까?

재료

본판 a 85×20cm 1장, 본판 b 85×25cm 1장, 본판 c 85×7cm 1장, 허리끈 190×12cm 1장
* 말괄량이 사용 원단 – 면 1마

재단

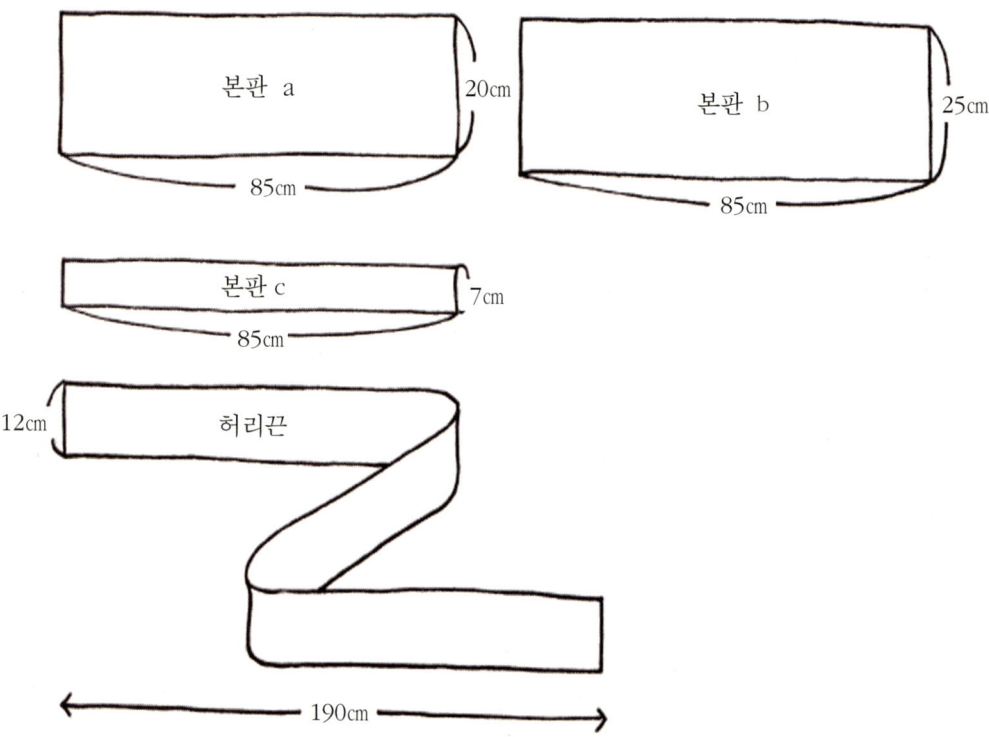

만들기

01 본판 a와 c를 겉면끼리 맞대고 시접 1cm로 박음질해요.

02 시접은 오버로크 처리해요.

03 오버로크 처리한 시접을 뒤로 꺾어서 끝박음질해요.

04 3과 본판 b를 겉면끼리 맞대고 시접 1cm로 박음질해요. 시접은 오버로크 처리해요.

05 a 쪽을 뒤로 꺾어서 끝박음질해요.

06 박음질 선에서 a 쪽으로 5mm 정도 위치에 선을 그은 다음, 초록색 실로 홈질해서 장식해요.

07 밑단은 오버로크 처리한 후 1cm 접어서 박음질해요.

08 양옆도 1cm씩 두 번 접어서 끝박음질해요.

09 허리끈은 4등분해 접은 다음 다림질해요. 허리끈의 중심과 본판의 중심을 표시한 다음, 중심끼리 맞추어놓고 첫 번째 접힌 선부터 박음질해나가요.

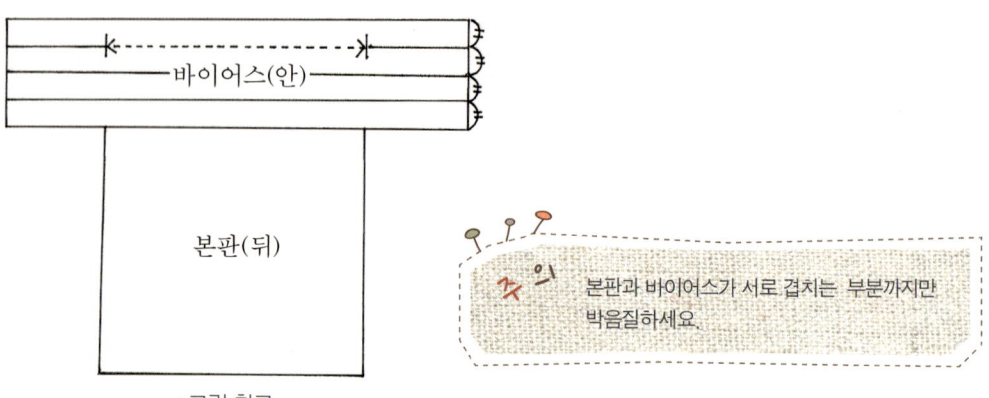

* 그림 참고

10 끈의 시작 부분과 끝 부분을 마무리하기 위해 한쪽을 준비해주세요.

11 오른쪽을 한 번 접어요.

12 위쪽을 1.5cm 정도 접어서 내려요.

13 오른쪽을 다시 한 번 접어요.

14 왼쪽을 오른쪽 옆면 사이로 넣어서 접어요.

15 끈을 박음질해요.

16 중심을 지나서 끝 부분에 이르면 14처럼 접어서 마무리한 다음 박음질해요.

17 끈의 다른 쪽도 한 번 눌러 끝 박음질해 완성해요.

18 완성된 모습이에요.

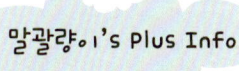

바느질 초보라면 직선박기로 소품을 만들어보세요

처음 바느질을 시작하는 사람들은 무엇부터 만들까 고민을 많이 하는 것 같아요. 자신이 평소 만들고 싶었던 것 중에서 가장 쉽고 간단하게 만들 수 있는 아이템을 선택하세요. 아직 바느질이 서툴기 때문에 어려운 작품을 선택하면 낭패를 볼 수도 있으니까요.

처음 바느질을 할 때는 직선박기를 연습하는 게 중요해요. 가장 기본적인 재봉 방법이니까요. 직선박기를 했을 때 바늘땀이 고르게 나와야 무엇을 만들어도 깔끔하게 완성할 수 있답니다.

직선박기로만 만들 수 있는 소품들도 많아요. 심플한 사각 에코백, 지퍼 없는 사각 쿠션, 스트링 파우치, 허리끈 앞치마 등은 특별한 기술이 없어도 박음질만으로 충분히 만들 수 있어요.

직선박기가 잘된다 싶으면 지퍼 달기와 곡선박기, 바이어스 처리 등을 연습해보세요. 지퍼 달린 쿠션이나 파우치, 원형 쿠션, 전자레인지 커버, 룸 슬리퍼 등을 만들어보면 좋아요. 그 다음에는 프릴을 만들어보세요. 소품에 사랑라한 포인트를 주기 좋은 프릴은 잘 만들려면 많은 연습이 필요해요.

핸드메이드 패브릭 소품 DIY

03

알록달록
부엉이 베개 커버

하루하루 아이들이 쑥쑥 커가는 걸 보면 지금 이 시절, 이 순간을 놓치고 싶지 않다는 생각이 들 거예요. 지금 이 시간 우리들만의 추억을 만드는 가장 좋은 방법 하나. 바로 엄마가 직접 아이들이 쓸 소품을 만들어주는 거예요. 매일매일 아이가 잠들 때마다 엄마 품에 안긴 듯 포근함을 느끼며 잠들 수 있도록 푹신한 베개를 만들어주면 어떨까요. 귀여운 부엉이들이 쪼르르 그려져 있는 앙증맞은 베개에 아이 이름 이니셜까지 새겨 넣는다면 아이가 무척 좋아할 거예요.

어떻게 만들까?

재료

앞판 a 38×40cm 1장, 앞판 b 24×40cm 1장, 뒤판 60×45cm 1장, 누빔지 60×40cm 1장, 지퍼 60cm 1줄, 지퍼 알 1개
* 말괄량이 사용 원단 – 면 1마

재단

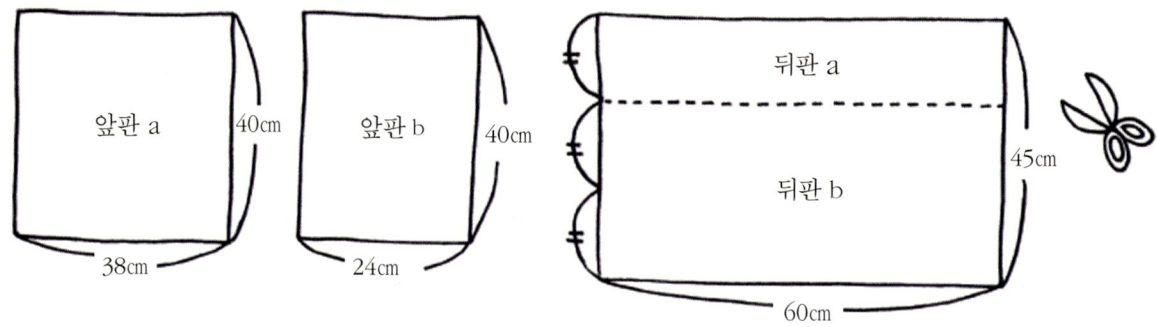

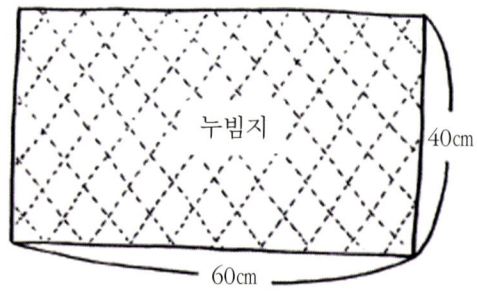

만들기

01 앞판 a와 b를 준비해요.

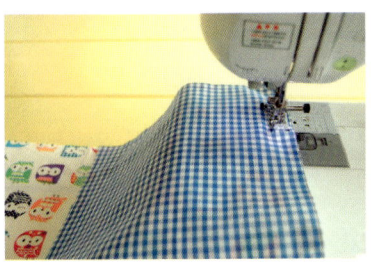

02 겉면끼리 맞대고 시접 1cm로 박음질해요.

03 시접을 뒤로 꺾어서 끝박음질 해요.

04 앞판과 누빔지를 안면끼리 맞대고 시침핀으로 고정해요.

05 전체 둘레를 오버로크 처리해요.

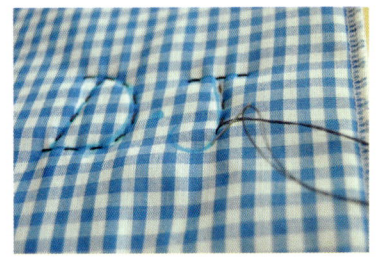

06 5의 모서리 부분에 이름 이니셜을 그린 다음 홈질해요.

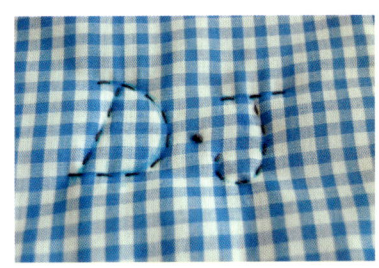

07 이니셜을 홈질한 모습이에요.

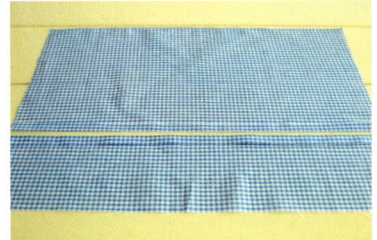

08 뒤판은 1/3로 자르고 잘린 부분을 각각 2cm씩 접어서 다려 놓아요.

09 접힌 부분을 오버로크 처리해요.

10 노루발을 지퍼 노루발로 교체해요. 방향은 오른쪽으로 가게 해요.

11 뒤판 a면에 지퍼를 놓고 박음질해요.

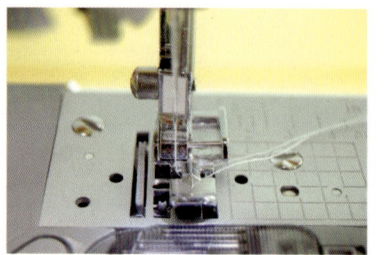
12 지퍼 노루발의 방향을 왼쪽으로 가게 해요.

13 지퍼가 달린 a에 b를 겹쳐요. 이때 접힌 원단 끝과 지퍼의 끝을 맞춰주세요.

14 4~5cm 박음질하고 오른쪽으로 돌려서 지퍼를 지나 지퍼 턱까지 박음질해요.

15 다시 왼쪽으로 돌려서 지퍼 턱에 맞춰서 박음질해 내려가요.

16 2/3 지점까지 박음질해 내려가다 지퍼 알을 끼워주세요.

17 다시 쭉 박음질해서 밑에서 위로 4~5cm 지점까지 내려가다 왼쪽으로 돌려서 지퍼 턱까지 박음질해요.

18 다시 오른쪽으로 돌려서 끝까지 박음질해요.

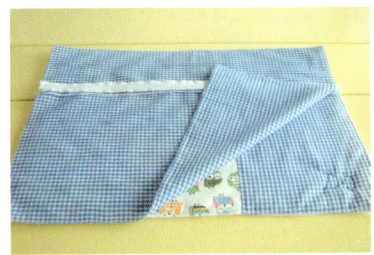

19 앞판과 뒤판을 겉면끼리 맞대고 시침핀으로 고정해요.

20 전체 둘레를 시접 1cm로 박음질해요.

21 전체 둘레를 오버로크 처리해요.

22 완성해서 솜을 넣어준 모습이에요.

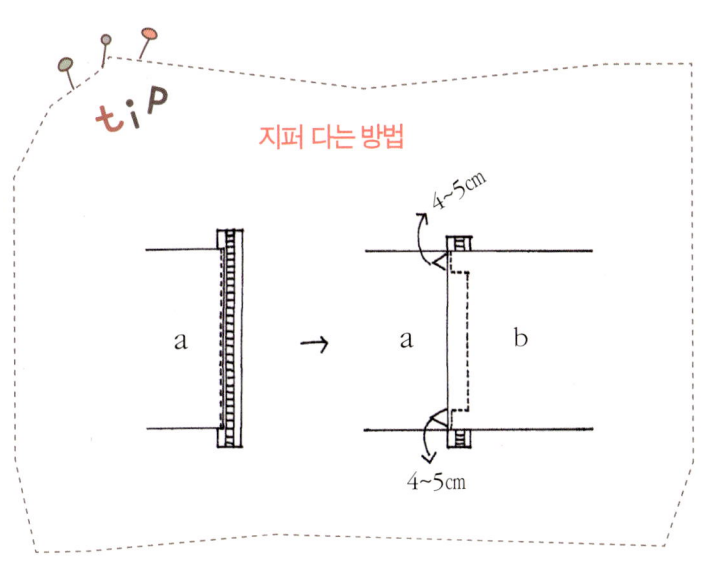

tip 지퍼 다는 방법

핸드메이드 패브릭 소품 DIY

04

바람개비 피크닉 매트

오늘은 피크닉 가기 좋은 날. 살랑거리는 바람은 향기롭고 마음은 들뜨는 계절이면 사랑하는 가족이나 연인과 함께 피크닉을 떠나요. 풀밭 위의 점심 식사로는 손수 싼 도시락이 제격이죠. 정성껏 싼 도시락을 펼쳐놓기에 밋밋한 돗자리는 사양이라고요? 그렇다면 특별한 모양의 피크닉 매트를 만들어보면 어떨까요? 마음에 드는 원단 2개를 돌려가며 매치해 만든 바람개비 피크닉 매트. 그 위에 도시락을 펼쳐놓기만 해도 근사한 피크닉 테이블 세팅이 된답니다.

어떻게 만들까?

재료

앞판 a 57×57cm 2장, 앞판 b 57×57cm 2장, 뒤판 방수 원단 110×110cm 1장, 누빔지 110×110cm 1장, 지름 13cm 원형 2장
* 말괄량이 사용 원단 - 면, 리넨 각 1마

재단

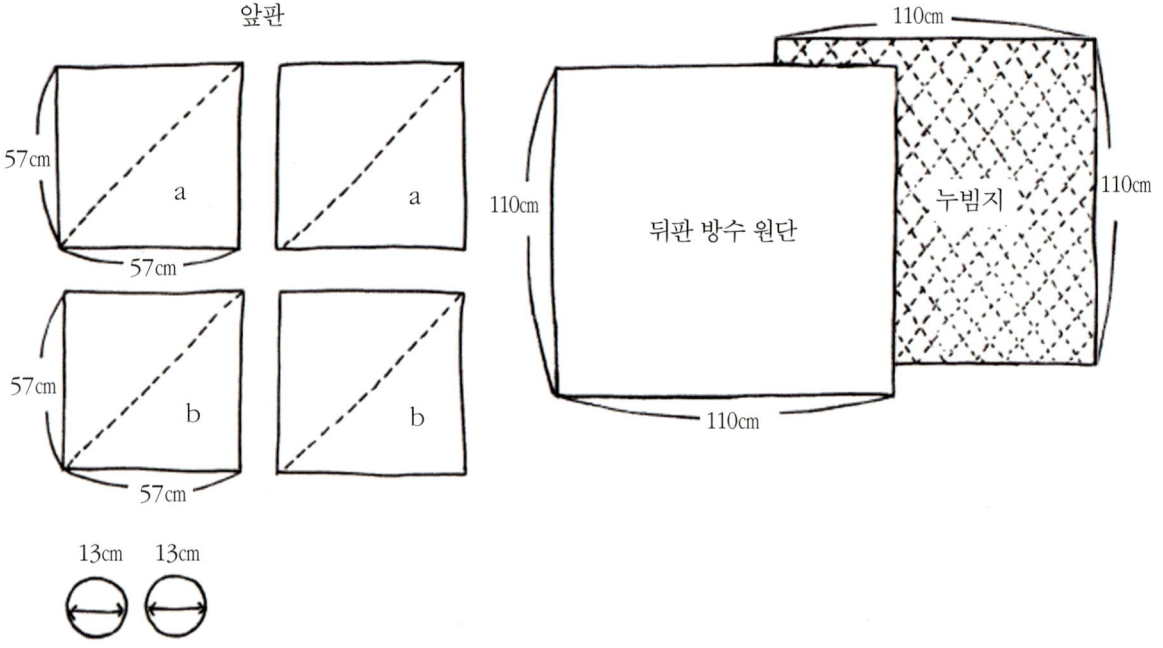

만들기

01 앞판 a, b 원단을 대각선으로 자른 다음, 서로 다른 원단을 겉면끼리 맞대요.

02 대각선 부분을 시접 1cm로 박음질해요.

03 서로 연결된 모습이에요. 시접은 가름솔 처리해주세요.

04 패턴이 연결된 2장을 겉면끼리 맞대요.

05 시접 1cm로 박음질해요.

06 5에서 각각 연결한 2장을 겉면끼리 맞대고 시접 1cm로 박음질해요.

  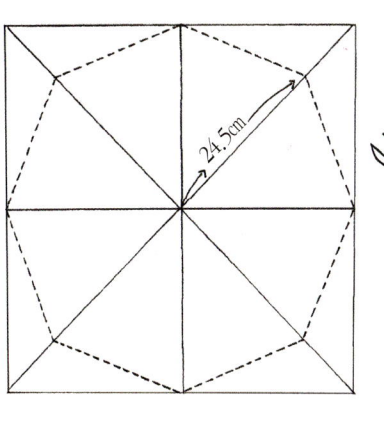

07 모두 연결된 모습이에요.

08 팔각형으로 모양을 만들어주세요. 중심에서 바깥쪽으로 24.5cm를 표시하고, 표시한 것끼리 연결하여 그린 다음 잘라주세요.

* 그림 참고

09 중심에 들어갈 원형 원단 2장을 준비해요.

10 겉면끼리 맞대고 둘레를 노루발 간격으로 박음질해요.

11 한쪽에 가위집을 내 창구멍을 만들어요. 창구멍으로 뒤집어 동그랗게 모양을 잡고 다림질해요.

12 창구멍은 감침질로 마무리해요.

13 팔각형 모양 원단의 중심에 놓고 시침핀으로 고정해요.

14 원형 둘레를 끝박음질해서 팔각형 모양 원단에 붙여요.

15 뒷면에 누빔지를 덧대고 듬성듬성 시침질해서 고정해요.

16 한 면씩 홈질로 누비고, 전체 둘레는 오버로크 처리해요.

17 방수 원단과 16을 겉면끼리 맞대요.

18 창구멍을 남기고 둘레를 박음질해요.

19 창구멍으로 뒤집어 정리하고, 창구멍은 공그르기로 마무리해요.

20 전체 둘레를 1cm 간격으로 한 번 더 눌러 박음질해서 완성해요.

tip

다양한 패치워크를 시도해보세요

각각 다른 원단을 어떤 모양으로 재단하고 그 조각을 어떻게 맞추느냐에 따라 다양한 패치워크를 해볼 수 있어요. 다소 복잡할 수도 있지만 참 재미있는 작업이랍니다.

05

아기 코끼리 욕실 매트

"욕실에 자꾸만 들어가고 싶어져요! 저 귀여운 아기 코끼리 때문에요." 요즘은 집들이 대체로 습기가 없고 쾌적하기 때문에 건식 욕실을 선호하는 사람들이 많다고 해요. 우리 집이 건식이라면 세면대 아래에 아기 코끼리 욕실 매트 하나 들여놓으면 어떨까요? 알록달록 색감 있는 패턴으로 귀엽게 만들면 욕실에 생동감을 불어넣을 수 있을 뿐만 아니라, 뚝뚝 떨어지는 물 때문에 불쾌해지는 기분도 훨훨 날려버릴 수 있답니다. 습식이나 건식 상관없이 욕실 문 앞에 두어도 앙증맞아요.

어떻게 만들까?

재료

앞판 65×47cm 1장, 누빔지 65×47cm 1장, 뒤판용 미끄럼 방지 원단 65×47cm 1장, 귀 모양 18×28cm 2장, 귀 모양 누빔지 18×28cm 1장, 단추 1개
* 말괄량이 사용 원단 – 옥스퍼드 1마

재단

* 패턴을 그려서 앞판 1장과 누빔지 1장, 뒤판 1장을 재단해주세요.

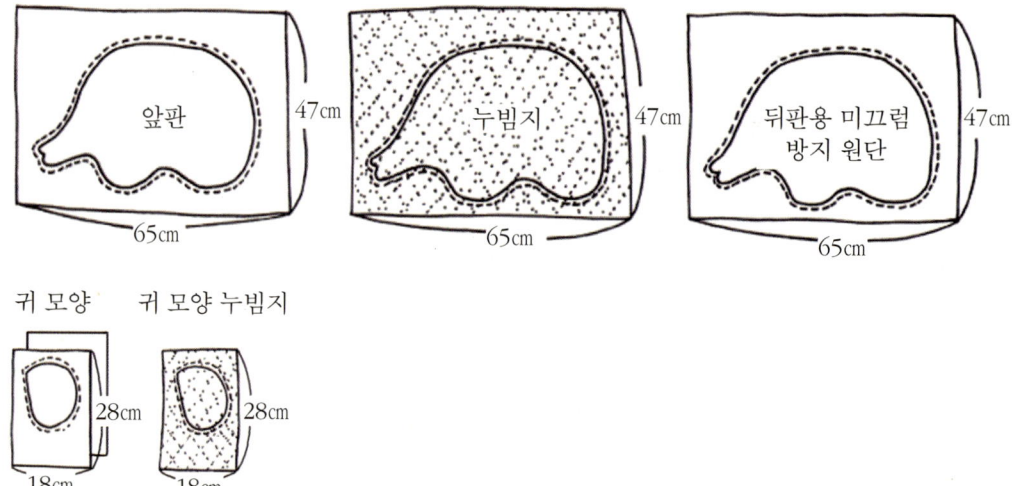

tip 곡선 부분 예쁘게 박음질하기

곡선 부분에서는 재봉틀의 발판을 최대한 천천히 밟으면서 박음질해야 곡선이 예쁘게 나와요. 폭이 좁고 곡선이 심한 부분에서는 발판을 밟기보다 풀리를 손으로 돌려가면서 한 땀 한 땀 박음질하는 게 좋아요.

만들기

01 앞판과 누빔지를 안면끼리 맞대고 시침핀으로 고정해요.

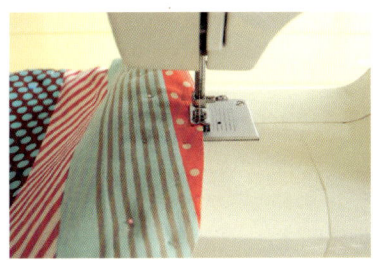
02 재봉틀 바느질 패턴 중에서 지그재그 패턴을 선택해요. 바늘땀은 크게 놓는 게 좋아요.

03 굴곡이 큰 부분에서는 발판을 천천히 밟아주면서 지그재그 처리하세요.

04 귀 모양 1장과 누빔지를 안면끼리 맞대고 시침핀으로 고정해요.

05 둘레를 지그재그 처리해요.

06 남은 귀 모양 1장과 5를 겉면끼리 맞대고 시침핀으로 고정해요.

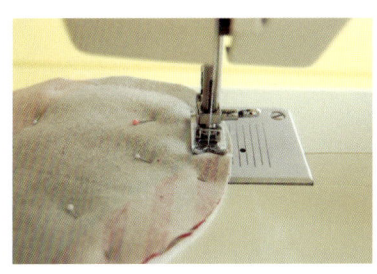
07 창구멍을 제외하고 둘레를 박음질해요.

08 창구멍으로 뒤집어서 잘 정리해요.

09 창구멍은 공그르기로 마무리해요.

10 앞판에 귀를 놓고 시침핀으로 고정해요.

11 귀를 앞판에 홈질해서 붙여요.

12 앞판에 귀를 붙인 모습이에요.

13 단추를 준비해요. 안 입는 옷에 달린 단추를 재활용해도 좋아요.

14 앞판에 단추를 달아 눈을 표현해요.

15 3의 앞판과 뒤판용 미끄럼 방지 원단을 겉면끼리 맞대고 시침핀으로 고정하고 창구멍을 표시해요.

16 창구멍을 제외하고 둘레를 박음질해요.

17 창구멍으로 뒤집어서 잘 정리해요.

18 창구멍은 공그르기로 마무리해요.

19 전체 둘레를 노루발 간격으로 눌러가며 박음질해요.

20 완성된 모습이에요.

핸드메이드 패브릭 소품 DIY

06

귀여운 일러스트 노트 커버

늘 가방에 넣고 다니는 나의 작은 노트 하나. 여기에 일상에서 떠오르는 아이디어나 단상을 그때그때 적어두곤 하지요. 이것만 있으면 머릿속의 영감을 놓치지 않고 디자인으로 발전시킬 수 있고, 하루하루 일상을 기록하며 나만의 역사를 만들어나갈 수도 있답니다. 저는 손으로 그린 느낌이 물씬 나는 일러스트가 프린트된 원단으로 예쁘게 커버링해서 가지고 다녀요. 나만의 감각이 묻어 있는 노트에 뭔가를 적고 그리는 기분, 정말 상쾌하고 뿌듯하답니다.

어떻게 만들까?

재료

겉감 a 11×23.5cm 1장, 겉감 b 13×23.5cm 2장, 안감 a 33.5×23.5cm 1장, 누빔지 33.5×23.5cm 1장, 안감 b 13×23.5cm 2장, 방울 레이스 23.5cm 1줄, 리본 끈 26cm 1줄, 색깔 단추 2개, 글루건
* 말괄량이 사용 원단 – 면 1/2마

재단

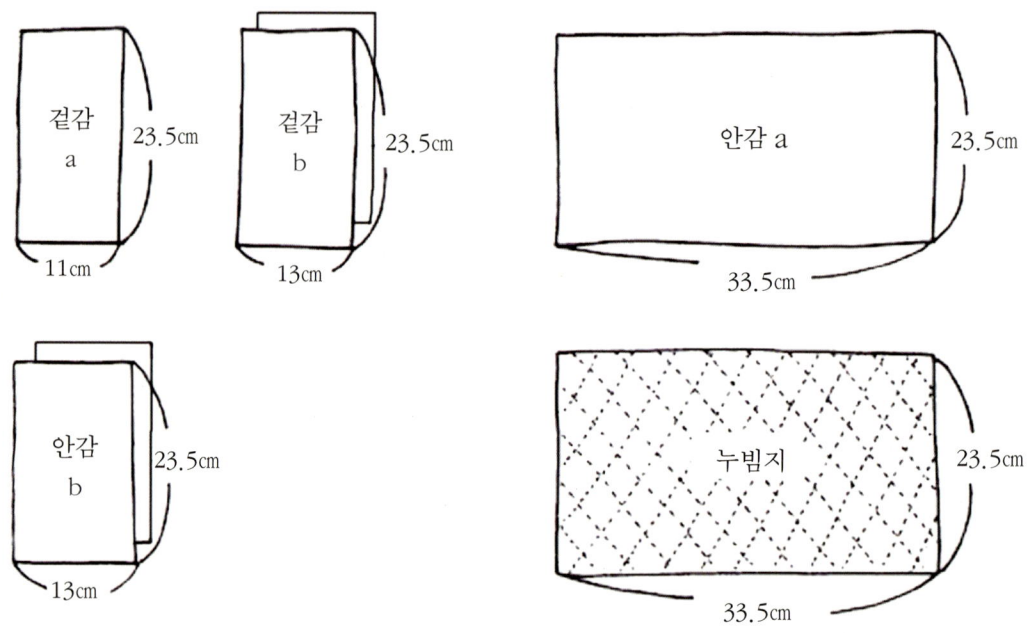

노트 커버 사이즈는 약간 여유있게
노트 커버 사이즈를 잴 때는 0.5~1cm 정도 여유를 주고 계산하세요. 너무 딱 맞춰 사이즈를 재면 완성했을 때 좀 작을 수도 있답니다.

만들기

01 겉감 a와 b를 준비해요.

02 a와 b 1장을 겉면끼리 맞대고 시접 1cm로 박음질해요.

03 박음질된 a와 남은 b 1장을 겉면끼리 맞대고 시접 1cm로 박음질해요.

04 겉감이 연결된 모습이에요.

05 겉감과 누빔지를 안면끼리 맞대고 전체 둘레를 오버로크 처리해요.

06 겉감의 중심에 방울 레이스를 달아요. 실은 레이스 색상과 어울리는 것을 사용하세요.

07 안감을 준비해요. 안감 b를 길게 반으로 접어 다려요.

08 안감 a와 안감 b를 겉면끼리 맞대고 박음질해서 연결해요. 양쪽 모두 연결해주세요.

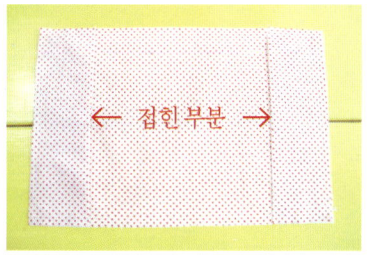

09 안감이 연결된 모습이에요.

 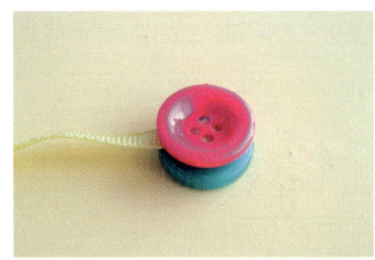 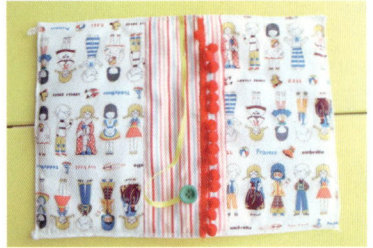

10 색깔 단추와 리본 끈을 준비해요.

11 단추 사이에 리본 끈을 넣고 글루건을 이용해 붙여요.

12 겉감의 중심 위쪽에 11의 끝을 맞추고 끝만 박음질해 살짝 고정해요.

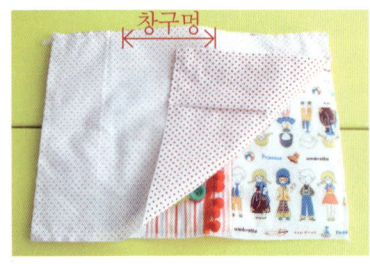 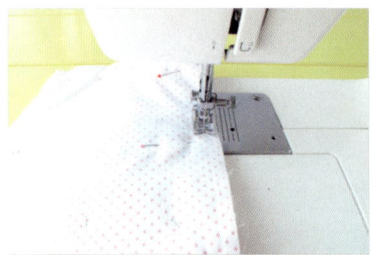 

13 안감과 겉감을 겉면끼리 맞대요.

14 창구멍을 제외하고 시접 1cm로 전체 둘레를 박음질해요.

15 창구멍으로 뒤집어 정리하고 창구멍은 공그르기로 마무리해요.

나만의 디자인 아이디어 발상법

그때그때 떠오른 아이디어를 디자인 북에 정리해요

디자인 아이디어는 즉흥적으로 나올 때가 많아요. 바느질 작업을 하나가, 길을 걷다가, 책을 읽다가, 라디오를 듣다가 불현듯 떠올라요. 그럴 때면 잊어버리지 않도록 꼭 메모를 해둔답니다. 대충 스케치를 하거나 설명을 써놓아요. 그런 다음 여유가 있을 때 디자인 북에 정리해요. 이때는 연필로 그림을 그리고 색연필로 색칠해서 색감까지 보는 편이에요. 또 아기자기하고 깜찍한 이미지와 색감을 좋아하기 때문에

장난감 가게나 키즈 상품 숍, 팬시점 등에 자주 가요. 아이들 동화책, 키즈 용품, 팬시 용품 등 앙증맞고 독특한 디자인의 물건들을 보면서 나만의 아이디어를 떠올리죠. 아이들의 순수한 그림을 볼 때도 영감이 떠올라요. 10년 넘게 아동 미술을 가르쳤기 때문에 그동안 모아두었던 아이들 그림을 보면서 아이디어를 얻기도 해요.

패브릭을 보고 느끼는 감정을 디자인으로 연결해요

예쁜 패브릭을 보면 이것저것 만들고 싶어지죠? 저도 늘 그렇답니다. 마음에 쏙 드는 패브릭을 발견하면 디자인 영감이 새록새록 솟아나요. 그럼, 어떻게 하면 되냐고요?
일단 패브릭의 색감과 패턴을 보고 느끼는 감정을 먼저 떠올려요. 예를 들어, 달콤한 사탕 같은 느낌이 든다, 사랑스러움이 묻어난다 등등 느끼는 그대로를 마음껏 떠올려보는 거예요.
그런 감정들이 정리되면 '어떤 이미지들과 연결해서 무엇을 만들면 좋을 것 같다'는 생각이 떠오르죠. 그리고 그 생각을 구체적으로 스케치해보고 패브릭과 패브릭을 서로 매치해보는 작업을 해요. 그렇게 하다 보면 내가 원하던 이미지의 소품을 만들 수 있어요.

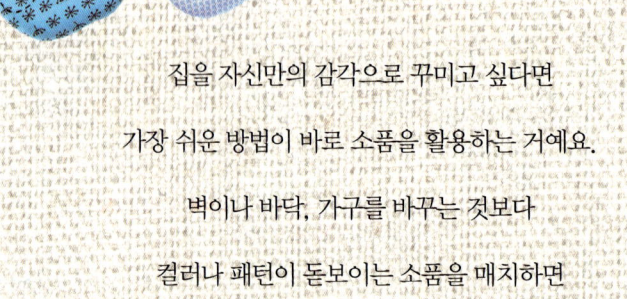

집을 자신만의 감각으로 꾸미고 싶다면

가장 쉬운 방법이 바로 소품을 활용하는 거예요.

벽이나 바닥, 가구를 바꾸는 것보다

컬러나 패턴이 돋보이는 소품을 매치하면

한결 편안하면서도 개성 있는 분위기를 연출할 수 있답니다.

Part 2

화룡점정, 공간 꾸미기

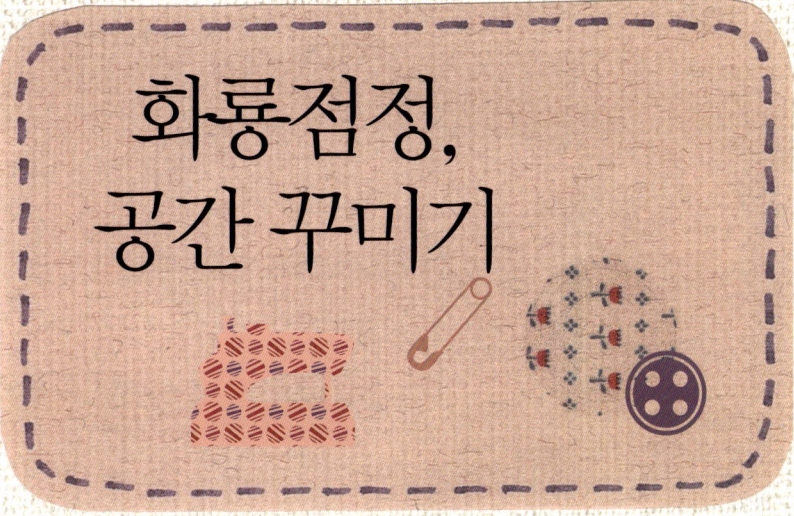

핸드메이드 패브릭 소품 DIY

07

잠꾸러기 냥이 쿠션

보기만 해도 잠이 솔솔 오는 잠꾸러기 냥이 쿠션이에요. 패턴이 예쁜 원단을 고양이 모양으로 잘라 눈과 코를 스티치해 장식하고, 살랑거리는 꼬리를 달아주면 완성돼요. 만드는 과정이 복잡하지 않아 쉽게 도전해볼 수 있답니다. 햇살이 비치는 창가에 두면 공간을 아늑하게 꾸며주고, 침대 머리맡에 두면 귀여운 잠자리 친구가 되어줄 거예요.

Part 2 화룡점정, 공간 꾸미기

어떻게 만들까?

재료

앞판 50×36cm 1장, 뒤판 50X36cm 1장, 꼬리 모양 15×30cm 2장, 리본 모양 12×7cm 2장, 솜, 겸자, 단추 1개, 코사지 핀 1개, 글루건
* 말괄량이 사용 원단 – 면 1마

재단

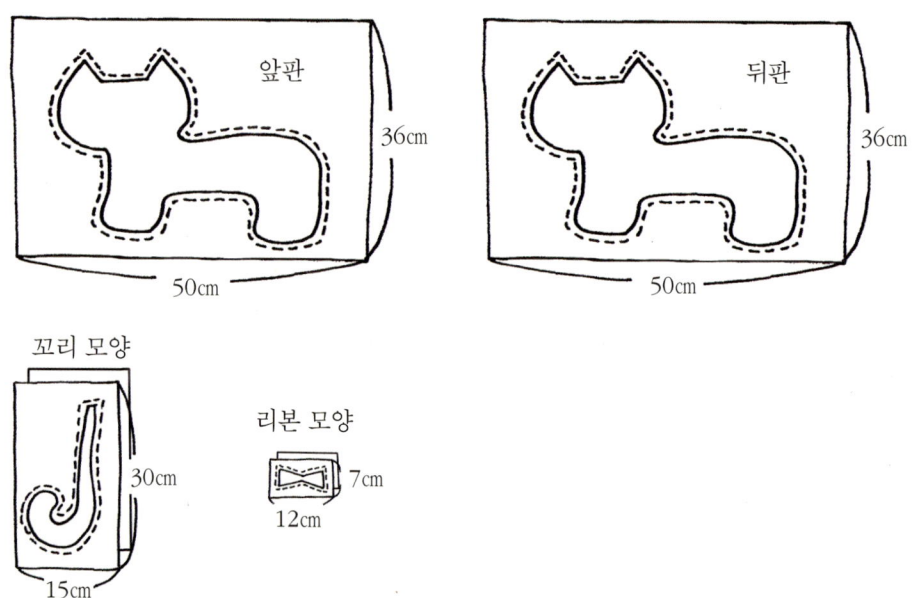

tip 곡선은 시접을 조금만 남기고 잘라내면 모양이 예뻐요

보통 곡선 부분은 시접에 가위집을 낸 대음 뒤집지만, 여기에서는 시접을 0.3~0.5cm 정도만 남기고 자른 다음 뒤집어 다림질해주세요. 잠꾸러기 냥이 쿠션은 곡선이 완만하기 때문에 이렇게만 해주어도 곡선 모양이 예쁘게 나와요.

만들기

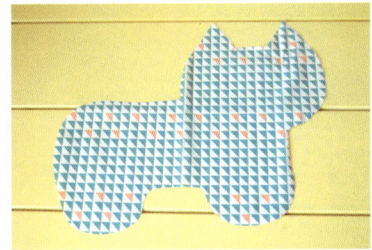

01 앞판에 고양이 도안을 대고 그려 시접 1cm를 주고 재단해요.

02 뒤판도 앞판과 같이 작업해요. 앞판과 뒤판에 각기 다른 무늬의 원단을 사용하면 더욱 개성 있는 작품이 완성돼요.

03 펜으로 눈과 코를 그려요.

04 검정색 실을 4겹으로 겹쳐 눈을 백 스티치해요.

05 양쪽 눈을 백 스티치한 모습이에요.

06 코는 새틴 스티치해요.

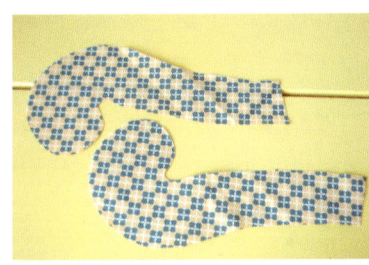

07 꼬리 모양 원단에 도안을 대고 그려 시접 1cm를 주고 재단해요.

08 윗부분을 제외하고 나머지 둘레를 노루발 간격으로 박음질 해요.

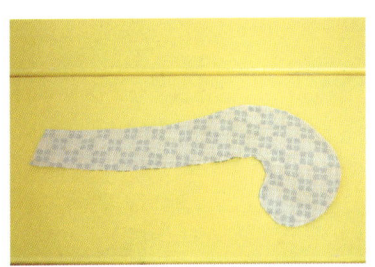

09 시접을 0.5cm 잘라내요.

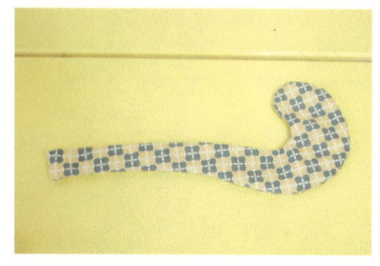

10 뒤집어주세요.

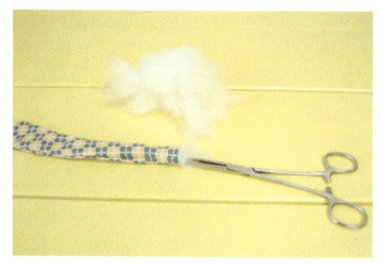

11 겸자로 솜을 넣어요. 꼬리가 너무 빵빵해지지 않도록 솜을 적당히 넣고, 윗부분에서 5cm 정도는 채우지 마세요.

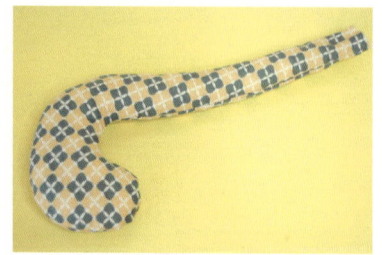

12 솜을 넣어준 모습이에요.

13 앞판에 꼬리를 적당한 위치에 놓고 박음질로 고정해요.

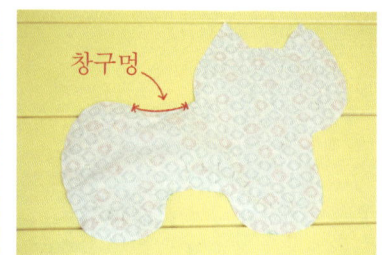

14 앞판과 뒤판을 겉면끼리 맞대고 시침핀으로 고정한 다음 창구멍을 표시해요.

15 창구멍을 제외하고 둘레를 박음질해요.

16 시접은 창구멍을 제외하고 0.5cm 잘라내요. 모서리 부분에는 가위집을 내주세요.

17 창구멍으로 뒤집어 잘 정리해요.

18 겸자로 솜을 넣어주세요.

19 창구멍은 공그르기로 마무리 해요.

20 노란색 무지 원단에 리본 모양을 그려 시접 1㎝를 주고 재단해요.

21 창구멍을 제외하고 둘레를 박음질해요.

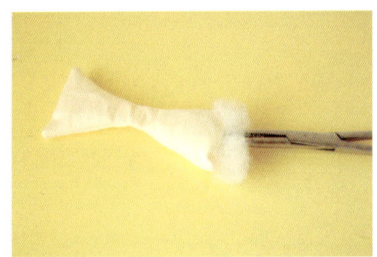

22 겸자로 솜을 넣어주세요.

23 창구멍은 공그르기로 마무리 해요.

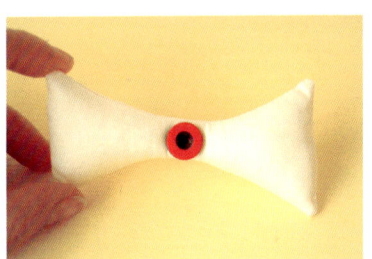

24 가운데에 포인트 단추를 달아요.

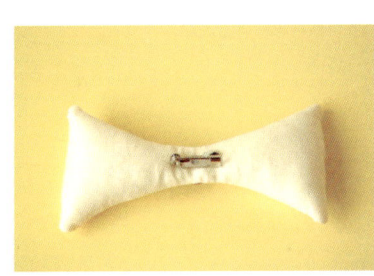

25 리본 뒤에 글루건으로 코사지 핀을 붙여요.

26 꼬리 부분에 리본을 달아요.

27 완성된 모습이에요.

핸드메이드 패브릭 소품 DIY

08

귀요미
아기 새 쿠션

집 안에 화사한 포인트를 주는 가장 손쉬운 방법, 바로 쿠션을 활용하는 거예요. 색감이 뚜렷한 쿠션 몇 개만 잘 매치해도 벽이나 가구를 바꾸지 않고 색다른 분위기를 연출할 수 있답니다. 비비드한 블루 빛깔에 귀여운 새들이 프린트된 원단으로 쿠션을 만들어보면 어떨까요? 사각형 모양의 단순한 쿠션이지만, 알록달록 패턴 때문에 산뜻한 느낌을 준답니다. 이런 쿠션 옆에는 보다 단순한 패턴이 들어간 쿠션을 놓아야 돋보여요.

어떻게 만들까?

재료

앞판 52×52cm 1장, 뒤판 52×57cm 1장, 누빔지 52×52cm 1장, 지퍼 52cm 1줄, 지퍼 알 1개, 라벨지 1개
* 말괄량이 사용 원단 – 옥스퍼드 1마

재단

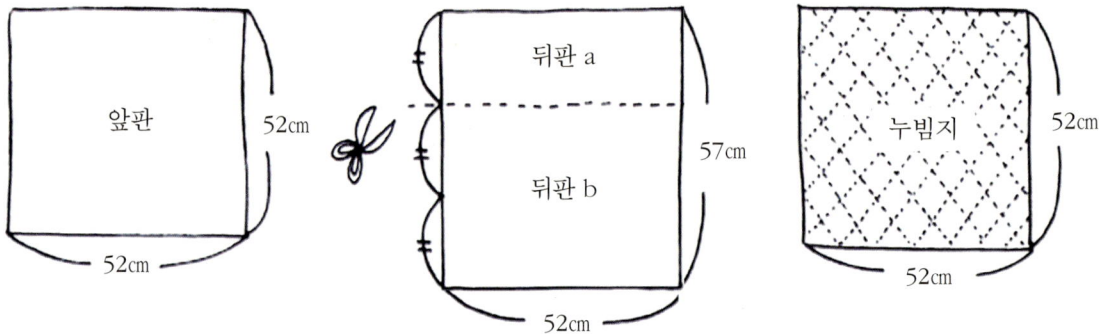

만들기

01 앞판의 새 그림에 테두리를 따라 흰색 실로 홈질해 포인트를 주세요.

02 홈질로 포인트를 준 모습이에요. 새 그림을 모두 홈질을 하는 것보다 부분적으로 하는 게 예뻐요.

03 앞판과 누빔지를 안면끼리 맞대고 전체 둘레를 오버로크 처리해요.

04 뒤판은 1/3 지점을 자른 다음, 각각 잘린 부분을 오버로크 처리해요. 오버로크 처리된 부분만 2cm씩 접어서 다려요.

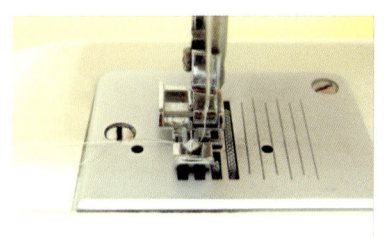

05 지퍼 노루발을 오른쪽 방향으로 끼워요.

06 뒤판 b 의 접힌 선에 지퍼를 맞춰놓고 박음질해요.

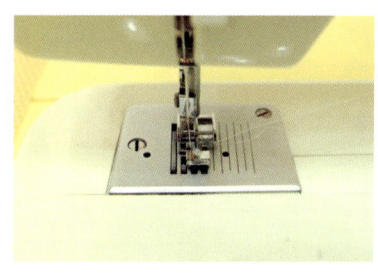

07 지퍼 노루발의 방향을 왼쪽으로 놓아요.

08 뒤판 a 와 b 를 겹쳐요.

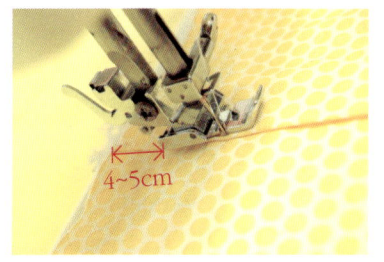

09 한쪽에서 시작해 4~5cm 정도 박음질해서 내려가요.

10 원단을 오른쪽으로 돌려요.

11 지퍼 부분을 지나 박음질하고 다시 원단을 왼쪽으로 돌려서 아래로 쭉 박음질해 내려가요.

12 2/3 지점까지 박음질해 내려간 다음 지퍼 알을 끼워요.

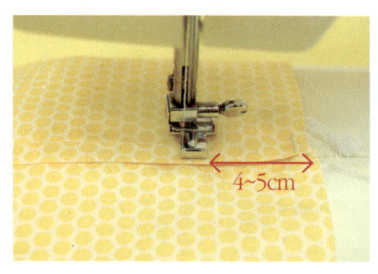

13 다시 박음질해서 내려가다가 끝에서 4~5cm 정도 지점에서 멈춘 다음, 원단을 왼쪽으로 돌려 지퍼 부분을 지나서 박음질해요.

14 다시 원단을 오른쪽으로 돌려 끝까지 쭉 박음질해서 마무리해요.

15 뒤판에 지퍼를 단 모습이에요.

16 라벨지를 앞판과 뒤판 사이 적당한 위치에 맞춰놓아요.

17 앞판과 뒤판을 겉면끼리 맞대고 시침핀으로 고정해요.

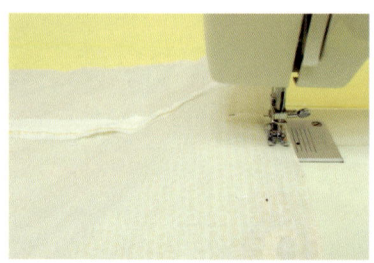

18 전체 둘레를 시접 1cm로 박음질한 다음, 시접은 오버로크 처리해요. 뒤집으면 완성돼요.

패브릭 소품이 있는 공간 데커레이션

소품이 돋보이게 하려면 화이트 컬러의 공간에 매치하는 게 가장 기본이에요. 화이트 컬러 공간에서는 어떤 색상이나 패턴도 다 어울리거든요.
저는 집 안에 기본적인 화이트 공간뿐만 아니라 여러 가지 컬러의 공간을 만들어놓았어요. 공간별로 색깔을 다르게 해서 페인팅을 해놓았답니다. 그 공간에 맞춰서 소품을 만들기도 하고, 소품에 맞춰서 필요한 소가구들을 배치하기도 해요.
패브릭으로 공간을 꾸밀 때는 소품 한두 개만 선택해서 확실하게 포인트를 주는 게 좋아요. 예쁘다고 이것저것 패브릭 소품을 늘어놓으면 자칫 산만해지기 때문이에요.

핸드메이드 패브릭 소품 DIY

09

시선 고정
포인트 바란스

밋밋한 벽이나 창에 걸어두기만 해도 포인트가 되는 바란스 커튼이에요. 컬러와 패턴이 다르면서도 잘 어울리는 두 가지 원단을 잘 매치하면 산뜻하면서도 독특한 작품을 완성할 수 있어요. 여기에 대롱대롱 싸개 단추를 달아 디테일을 살릴 수도 있답니다. 나만의 스타일로 만든 포인트 바란스로 공간에 색다른 감각을 더하거나, 집 안의 어수선한 부분을 깔끔하게 가려주세요. 작은 포인트 하나가 어떻게 분위기를 바꿔주는지 경험하고 나면 이런 소소한 작업들이 더없이 즐거워질 거예요.

어떻게 만들까?

재료

앞판 a 102×22cm 1장, 뒤판 b 102×22cm 1장, c 14.5×17cm 16장, 싸개 단추 8개
* 말괄량이 사용 원단 – 면 1⅓마

재단

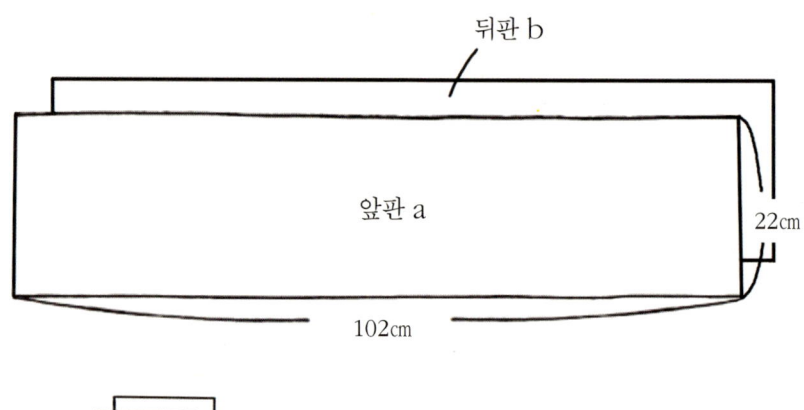

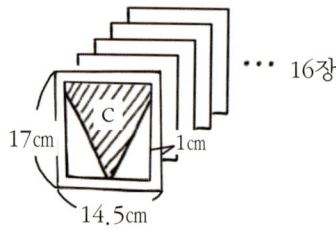

만들기

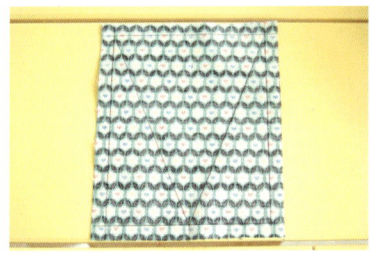

01 c의 사방에 시접 1cm를 표시하고 삼각형 모양을 그려요.

02 2장씩 겉면끼리 맞대서 밑변을 제외하고 나머지를 박음질해요.

03 시접을 0.5cm 정도 남기고 잘라내요.

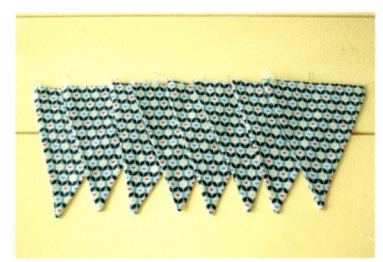

04 뒤집어서 다림질해 정리하세요. 모두 8개를 만드세요.

05 앞판 a의 겉면 긴 쪽에 4를 놓고 박음질해요. 시작 부분에서 4를 1cm 띄워놓고 박음질을 시작하세요.

06 8장을 차례대로 모두 박음질해요.

07 삼각형 모양을 모두 단 모습이에요.

08 7과 뒤판 b를 겉면끼리 맞대고 시침핀으로 고정해요. 창구멍을 제외하고 전체 둘레를 시접 1cm로 박음질해요.

09 창구멍으로 뒤집어서 정리해요.

10 장구멍을 기준으로 전체를 끝 박음질해요.

11 삼각형 모양을 단 부분은 노루발 간격으로 한 번 눌러 박음질해요.

12 윗부분도 노루발 간격으로 한 번 더 박음질해주세요.

13 삼각형 모양의 끝 부분에 싸개 단추를 달아요.

14 단추를 모두 달면 완성돼요.

tip

싸개 단추나 폼폼이로 장식해요

삼각형 모양에 싸개 단추를 달면 더욱 개성을 살릴 수 있고, 폼폼이를 달면 귀여운 느낌을 강조할 수 있어요.

패브릭과 컬러의 감각적인 믹스 앤 매치

패브릭의 어울림, 실제로 매치해보세요

패브릭과 패브릭의 어울림을 보려면 서로 다른 것을 실제로 매치해보아야 해요. 실제로 대보면 패턴이나 색감이 어울리는지 알 수 있어요. 이때 어울리는지, 안 어울리는지에 대한 정답은 없고 지극히 개인적인 느낌에 의존해야 해요. 그 기준은 개개인마다 다르거든요. 각자 자신이 좋아하는 스타일이나 색상이 있잖아요. 저는 주로 알록달록한 스타일이나 파스텔 계열을 좋아하는 편이라 원단들도 그런 것끼리 매치해보는 편인데, 어쩔 땐 서로 안 어울릴 것 같았지만 막상 매치하면 마음에 드는 느낌이 나오기도 하지요.

정반대나 비슷한 색감과 패턴을 선택하면 잘 어울려요

저는 톡톡 튀는 색감을 좋아하는 편이에요. 남들이 잘 사용하지 않는 원색 원단도 잘 사용하고, 전혀 어울릴 것 같지 않은 원단들도 잘 매치하죠. 이때 기본 원칙은 심플한 색감의 원단에는 포인트가 되는 색감 있는 원단을, 복잡한 패턴이 있는 원단에는 심플한 색감의 원단을 매치하는 거예요. 비슷한 색감의 패턴을 선택하는 것도 좋은 방법이에요. 예를 들면 빨간 색감의 플라워 프린트에 빨간 체크를 매치한다든가, 블루 스트라이프 패턴에 블루 플라워 패턴을 매치하는 거예요.
컬러링 북을 보면서 다양한 색감을 매치해보는 것도 도움이 돼요. 다양한 색의 조합을 보면서 색감을 보는 눈을 키울 수 있답니다.
처음에는 색감을 매치하는 게 생각보다 어려울 수 있지만, 다양하게 매치해보는 습관을 기르면 자신만의 색깔 감각을 찾을 수 있어요. 어떤 원단이든 어울리는 원단은 있거든요.

핸드메이드 패브릭 소품 DIY

10

유유히 나는 아기 새 모빌

저는 창가에 모빌을 걸어두는 걸 좋아해요. 살랑살랑 불어오는 바람에 찰랑거리는 모빌을 보면 기분이 참 좋아지거든요. 귀여운 아기 새와 소박한 꽃들이 줄줄이 걸려 있는 모빌을 만들어보세요. 한적한 곳에 걸어두면 새와 꽃들의 속삭임으로 공간에 생기가 감돌 거예요. 해님이 떠오르는 아침이 되면 새들이 재잘거리며 잠에서 깨워줄 것만 같답니다.

어떻게 만들까?

재료

새 모양 a 15×12cm 8장, 꽃 b 50×23cm 1장, 나무 단추(지름 2cm) 20개, 빨간색 펠트지 약간, 검은색 구슬 8개, 나뭇가지 1개, 낚싯줄·방울솜 약간, 원형자, 글루건
* 말괄량이 사용 원단 – 면 1/2마

재단

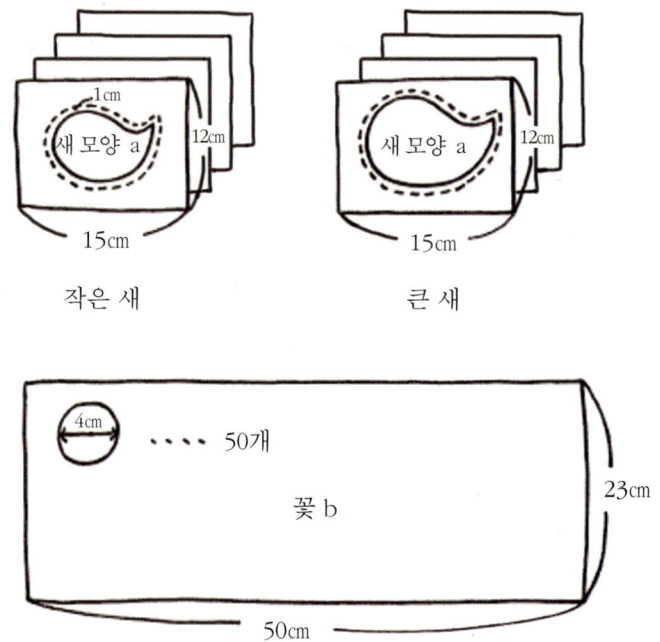

작은 새   큰 새

꽃 b

만들기

01 a에 새 도안을 그린 다음 시접 1cm 주고 재단해요. 작은 새와 큰 새 각각 4장, 모두 8장을 준비하세요.

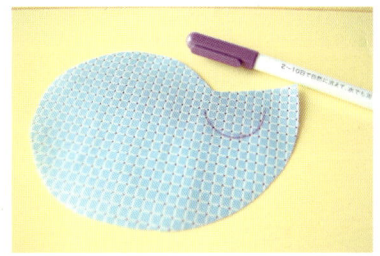

02 펜으로 날개를 그려요.

03 검은색 실로 홈질해요.

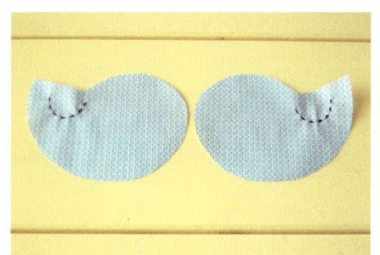

04 앞뒤 2장에 모두 홈질해요.

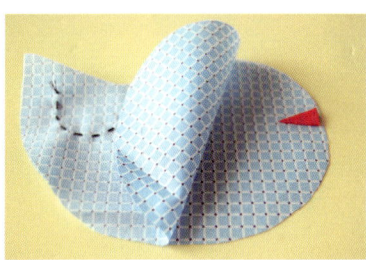

05 겉면끼리 맞대요. 빨간색 펠트지에 입 모양을 그려 오린 다음 그 사이에 끼워요.

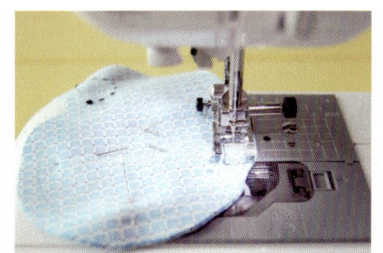

06 창구멍을 제외하고 완성선을 따라 박음질해요.

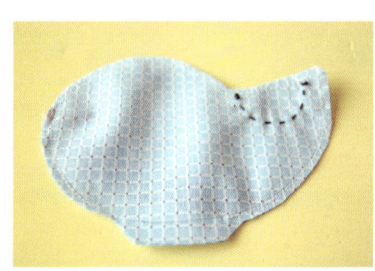

07 창구멍 부분을 제외하고 시접을 0.5cm 잘라내요.

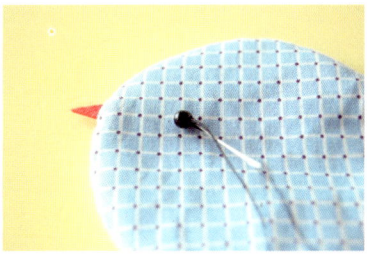

08 창구멍으로 뒤집어 잘 정리해요. 양쪽에 검정색 구슬을 연결해서 달아 눈을 표현해요.

09 창구멍으로 솜을 넣어요.

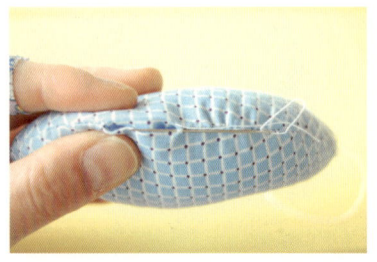

10 창구멍은 공그르기로 마무리 해요.

11 완성된 새 모양이에요.

12 b에 지름 4cm의 원을 그려서 재단해요. 모두 50장을 준비 하세요. 새와 함께 달아줄 꽃 을 만들려고 해요. 꽃 1개에 원 5개가 필요해요.

13 원을 반으로 접어요.

14 반원을 또 반으로 접어요.

15 곡선 부분을 홈질해서 당겨 주면 꽃잎 1개가 돼요.

16 꽃잎 5개를 연결해요.

17 모두 연결된 모습이에요.

18 나무 단추를 준비해요.

19 단추 뒤쪽에 글루건으로 접착제를 묻혀서 17에 붙여요.

20 단추를 붙인 모습이에요.

21 앞뒤로 단추를 붙여요.

22 완성된 꽃들이에요.

23 나뭇가지에 낚싯줄을 이용해 새와 꽃을 연결해서 완성해요.

핸드메이드 패브릭 소품 DIY

11

패브릭
색색볼
가렌다

알록달록 색감이 화사한 패브릭 볼 가렌다예요. 거실, 아이 방, 부엌 등의 벽이나 창가에 걸어두면 공간에 상큼한 포인트가 된답니다. 색색의 원단을 잘라 여러 개의 볼을 만들어 이었어요. 그만큼 정성을 듬뿍 들인 작품이에요. 볼륨감이 살아 있어 더욱 싱그러운 느낌을 준답니다. 볼을 더 많이 만들어서 천장에 길게 늘어뜨리면 아기자기한 분위기를 연출할 수 있어요.

어떻게 만들까?

재료

50×16cm 사이즈의 8가지 원단, 원형자
* 말괄량이 사용 원단 – 면 1½마

재단

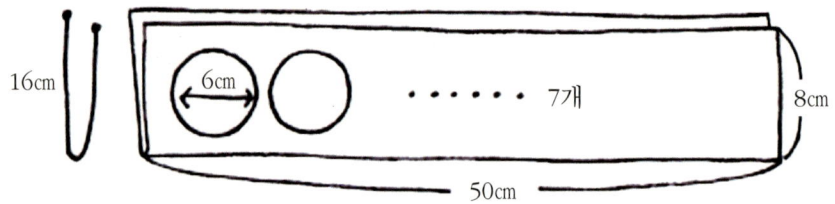

만들기

01 각 원단에 지름 6cm의 원을 7개씩 그려 오리세요.

02 원을 반으로 접어요.

03 반원을 또 반으로 접어요.

04 원의 중심 부분에 실을 끼운 바늘을 통과시켜요.

05 두 번째 원에도 바늘을 통과시켜요. 두 번째 원은 첫 번째 원과 접힌 방향이 반대로 되도록 끼우세요.

06 이렇게 서로 접힌 방향이 다르게 끼우면 돼요.

07 6의 과정을 반복해서 14개 모두 끼워요. 모양을 잘 잡아주면서 순서대로 끼워주세요.

08 모두 끼웠으면 느슨해지지 않도록 실을 탄탄하게 당겨서 매듭을 지어요.

09 동그랗게 모양을 잡아요.

10 볼록한 볼이 되었어요.

11 색색의 원단으로 1~10의 과정을 반복해서 볼 8개를 만들어요.

12 하나씩 차례대로 실로 연결해요.

13 간격을 일정하게 두고 모두 연결해요. 매듭을 지으면 완성돼요.

말괄량이's Plus Info

나만의 헤어 액세서리를 만들어보세요

01 원단에 꽃잎 모양의 도안을 놓고 꽃잎을 7~8개 정도 그려주세요.

02 꽃잎 모양을 잘 오려요.

03 반으로 접어요.

04 또 반으로 접어요.

05 지름 2.5cm 정도의 원형 모양을 오린 후, 하나씩 바느질해서 원형에 부착해요.

06 꽃잎 모양을 모두 부착해요.

07 중심 부분을 리본과 구슬로 장식해요.

08 원형은 글루건으로 가장자리를 모두 붙여주고, 핸드메이드 라벨과 함께 고무줄 링을 붙여 완성해요.

09 완성된 모습이에요.

12

로맨틱 라탄 바구니 커버

내추럴한 스타일의 인테리어를 좋아한다면 라탄 바구니 하나쯤 가지고 있기 마련이죠. 라탄 바구니는 그냥 쓰는 것보다 커버링을 해서 쓰는 게 예쁘기도 하고 실용적이에요. 패턴이 있는 원단으로 심플하게 커버링하는 것도 좋지만, 컬러풀한 원단에 레이스를 매치해 조금은 샤랄라한 느낌으로 커버링해도 내추럴한 스타일과 잘 어울려요. 냅킨이나 행주, 수건 등을 담아두면 편리하게 꺼내 쓸 수 있고 공간도 깔끔하게 정리할 수 있어요.

어떻게 만들까?

 재료

둘레 a 74×13cm 1장, 바닥 b 27×18cm 1장, 바이어스 20cm 4줄, 레이스 81×7cm 2줄
* 말괄량이 사용 원단 - 면 1/2마

재단

둘레 a 74cm × 13cm

바닥 b 27cm × 18cm

20cm × 3.5cm

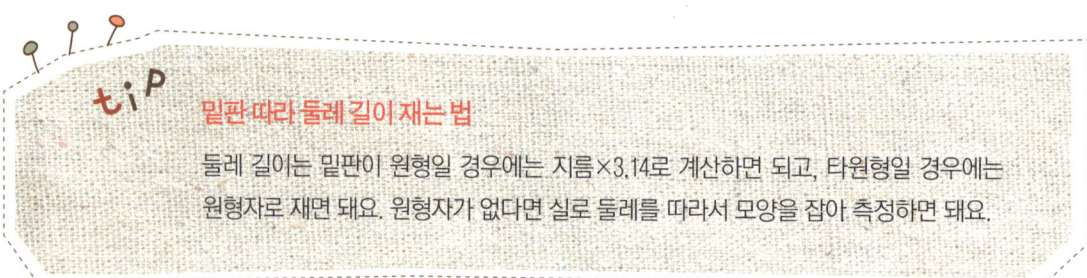

tip

밑판 따라 둘레 길이 재는 법

둘레 길이는 밑판이 원형일 경우에는 지름×3.14로 계산하면 되고, 타원형일 경우에는 원형자로 재면 돼요. 원형자가 없다면 실로 둘레를 따라서 모양을 잡아 측정하면 돼요.

만들기

01 a는 겉면이 마주 닿도록 반으로 접은 다음, 짧은 부분을 시접 1cm로 박음질해요.

02 시접은 오버로크 처리해요.

03 연결된 부분을 겉쪽에서 한 번 눌러 박음질해요.

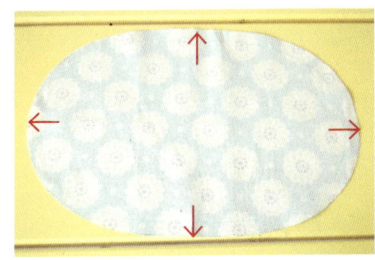

04 b의 둘레를 4등분해서 중심을 표시해요.

05 a의 윗부분도 4등분해서 중심을 표시해요.

06 a와 b를 표시된 중심끼리 맞춰요. b보다 a가 크기 때문에 a의 남는 부분을 네 군데로 나누어서 남는 만큼 접고 시침핀으로 고정해요.

07 둘레를 시접 1cm로 박음질해요.

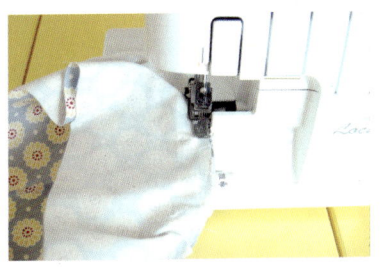

08 시접을 오버로크 처리해요.

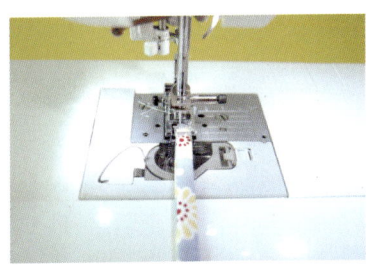

09 바이어스 끈을 만들어요.

tip 끈 만드는 방법

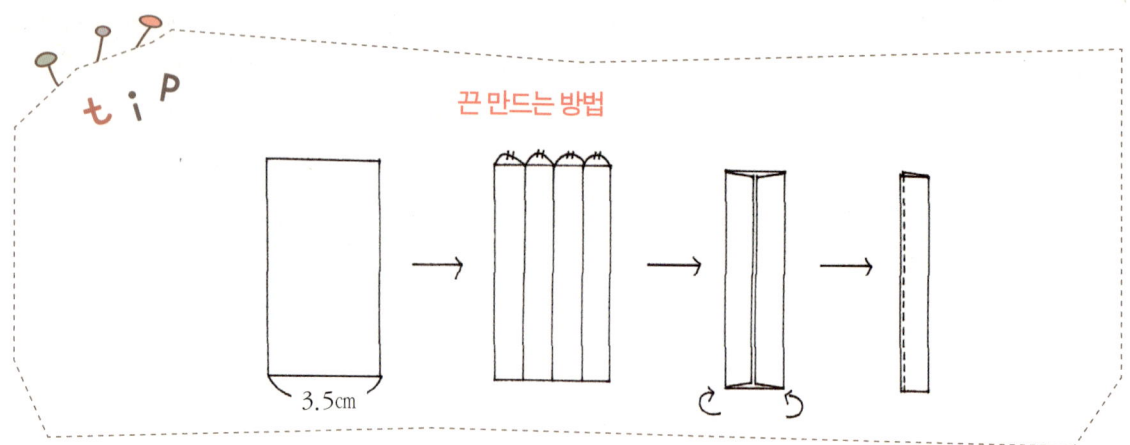

10 바이어스 끈을 4개 만들어요.

11 레이스의 한쪽을 1cm씩 두 번 접은 다음 그 사이에 바이어스 끈을 넣고 박음질해요. 끝 부분도 시작 부분과 똑같이 박음질하세요.

12 8의 옆 바느질 선에서 양옆 1cm 위치에 표시를 한 다음 윗부분에 레이스를 맞춰요.

13 레이스를 접어 프릴을 만들면서 시접 1cm로 박음질해요.

14 ⓐ부분을 박음질했으면 나머지 ⓑ부분도 레이스를 맞춰 박음질해요.

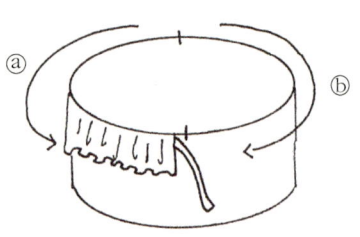

＊그림 참고

15 레이스를 단 모습이에요.

16 시접은 오버로크 처리해요.

17 레이스 시접을 뒤로 꺾어서 끝박음질로 눌러 박음질해 완성해요.

핸드메이드 패브릭 소품 DIY

13

다용도 원형 수납 바스켓

'어디에 담을까? 어떻게 담을까?'
살림이 많다 보니 깔끔하게 수납해서 정리하는 게 늘 고민이죠? 그럴 땐 원형 바스켓을 만들어 활용해보세요. 약간 넉넉하게 만들면 많은 물건을 한꺼번에 담아둘 수 있고, 수납장 안에 넣어두어도, 바닥에 놓아두어도 실용적이에요. 패턴만 잘 고르면 그 자체로 인테리어 효과도 볼 수 있어요. 저는 블랙 패턴 원단 두 가지를 패치워크해서 만들어보았어요. 기하학적인 패턴이 독특하면서도 심플한 느낌을 주어 모던한 스타일에 잘 어울린답니다.

어떻게 만들까?

재료

원형 바닥 겉감 a 30×21cm 1장, 원형 바닥 안감 a 30×21cm 1장, 몸판 겉감 b 19×22cm 5장, 몸판 안감 b 85×22cm 1장, 누빔지 85×22cm 1장, 바이어스 90cm 1줄, 손잡이 20×8cm 2장, 흰색 단추 4개, 접착심지 약간
* 말괄량이 사용 원단 – 면 1마

재단

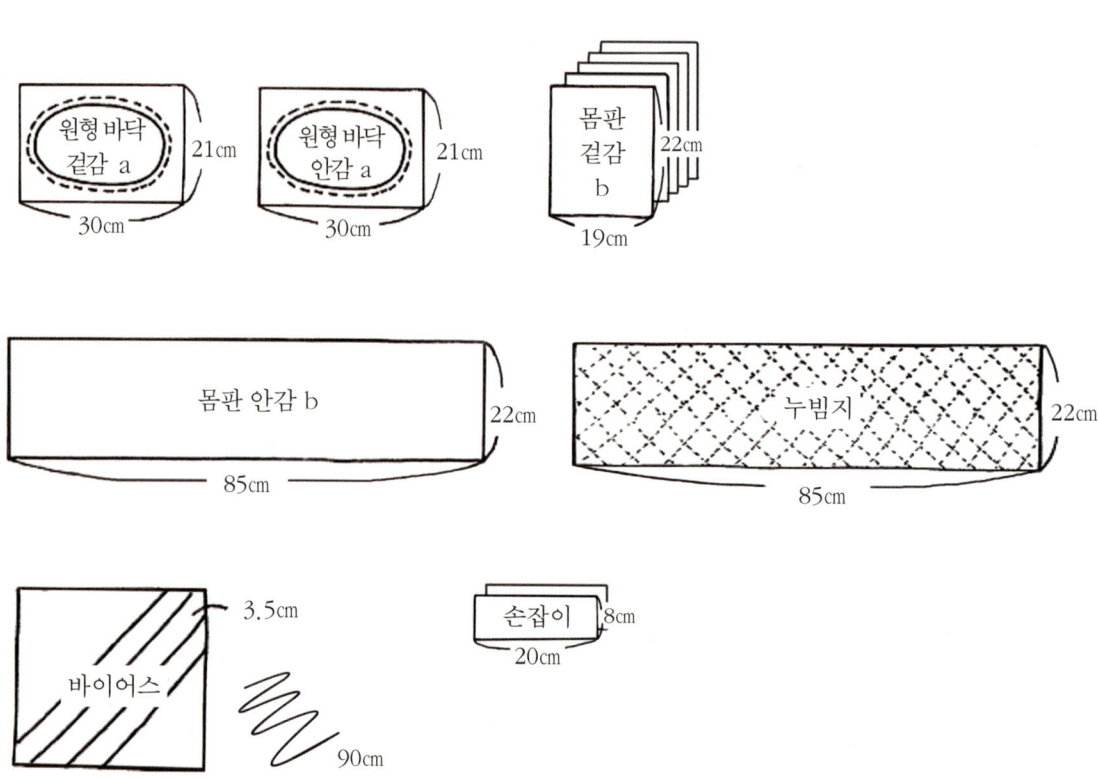

만들기

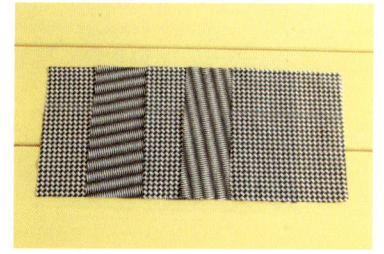

01 패치워크할 몸판 겉감 원단 5장을 준비해요.

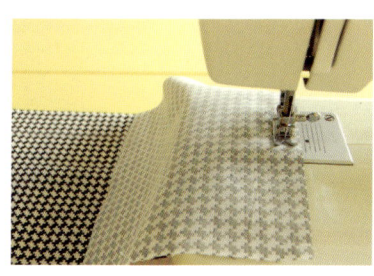

02 1장씩 시접 1cm로 박음질해 연결해요. 시접은 가름솔로 다림질해요.

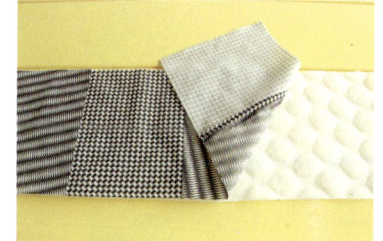

03 2와 누빔지를 안면끼리 맞대고 전체 둘레를 오버로크 처리해요.

04 a와 누빔지를 안면끼리 맞대고 둘레를 오버로크 처리해요.

05 3은 짧은 쪽 겉면끼리 맞댄 후, 시접 1cm로 박음질해 연결해요.

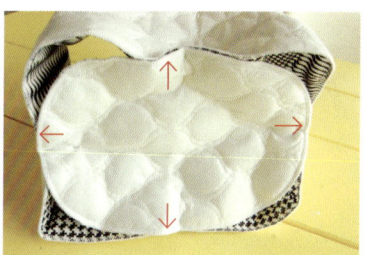

06 4와 5를 각각 4등분해서 표시한 다음, 표시한 곳끼리 맞춰 놓아요.

07 몸판의 남는 부분은 접어서 군데군데 주름을 잡아 맞춰요.

08 둘레를 시접 1cm로 박음질해요.

09 주름이 잡힌 옆면과 밑바닥 모습이에요.

10 안감 b도 겉면끼리 맞대고 끝을 맞춰 시접 1cm로 박음질해요.

11 안감의 a와 b도 6과 7 과정처럼 맞춰 박음질해요.

12 안감와 겉감을 안면끼리 맞대고 둘레를 시침핀으로 고정해요.

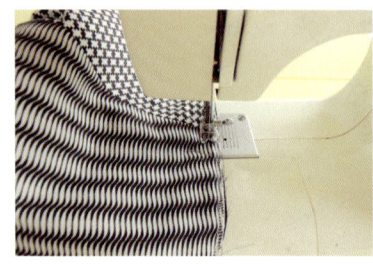  

13 둘레를 0.5cm 간격으로 박음질해요.

14 바이어스 원단은 시작 부분을 2cm 정도 접어 겉면이 몸판 안면에 닿도록 맞춘 다음, 노루발 간격으로 박음질해요.

15 겉쪽에서 바이어스를 접어 박음질해요.

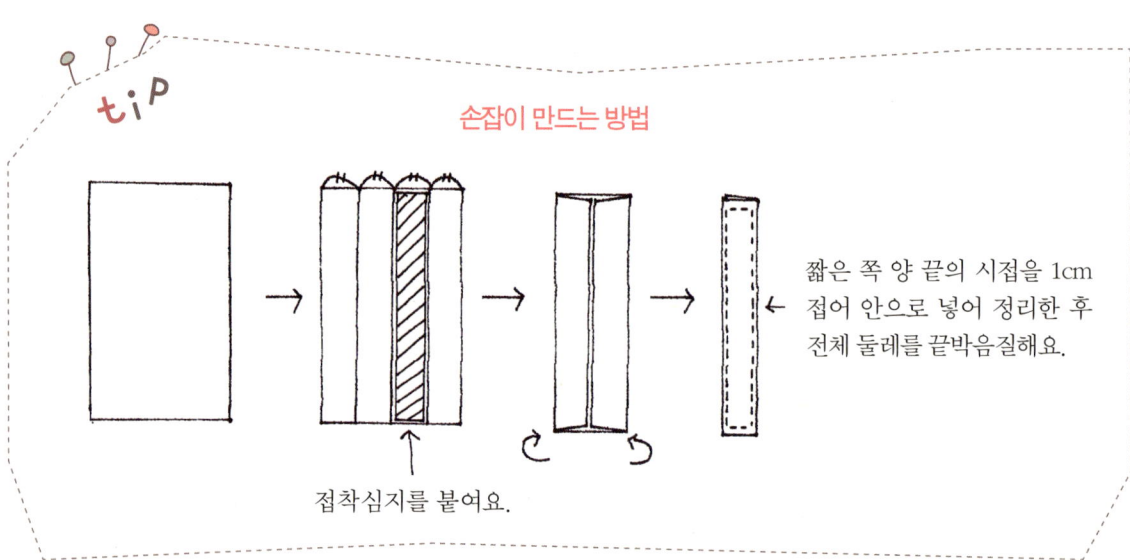

tip 손잡이 만드는 방법

접착심지를 붙여요.

짧은 쪽 양 끝의 시접을 1cm 접어 안으로 넣어 정리한 후 전체 둘레를 끝박음질해요.

16 손잡이를 적당한 위치에 놓고 단추를 달아 부착해요.

17 완성된 모습이에요.

핸드메이드 패브릭 소품 DIY

14

샤랄라 봄빛
원형 스툴 커버

원목으로 된 원형 스툴은 집 안 곳곳에서 간편하게 사용할 수 있는 아이템이에요. 공간의 스타일과 어우러지도록 나무의 내추럴한 느낌을 감추고 싶다면 커버링에 도전해보세요. 커버링만 해도 얼마든지 공간과 어울리게 만들 수 있답니다. 컬러풀하거나 모던하거나, 혹은 러블리하거나, 원단과 디자인을 공간의 스타일에 맞게 선택하면 돼요.

Part 2 화룡점정, 공간 꾸미기

어떻게 만들까?

재료

원형 모양 a 35×35cm 1장, 누빔지 35×35cm 1장, 둘레 b 93×7cm 1장, 누빔지 93×7cm 1장, 프릴감 200(여유분 포함)×6cm(폭) 1줄
* 말괄량이 사용 원단 – 면 1마

재단

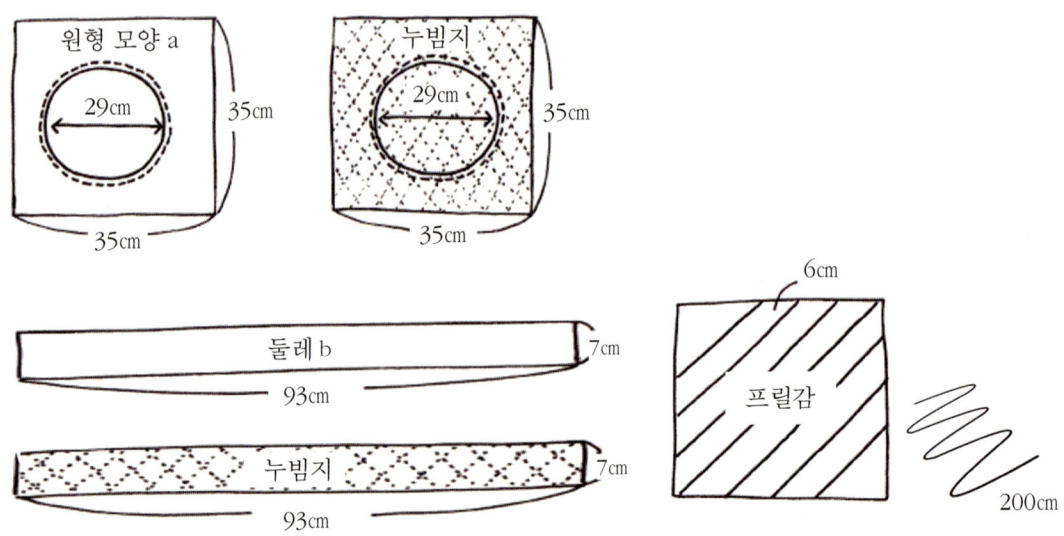

 **바이어스 방향으로 재단하면 프릴이 예뻐져요**

프릴감은 바이어스 방향으로 재단하세요. 이렇게 하면 주름을 잡을 때 원단이 조금씩 늘어나면서 모양이 잡혀, 프릴이 훨씬 예쁘고 풍성해 보인답니다.

만들기

01 a와 누빔지를 안면끼리 맞대고 둘레를 오버로크 처리해요.

02 b와 누빔지를 안면끼리 맞대고 둘레를 오버로크 처리해요.

03 2를 겉면끼리 마주 닿도록 맞춘 다음, 짧은 쪽을 시접 1cm로 박음질해요.

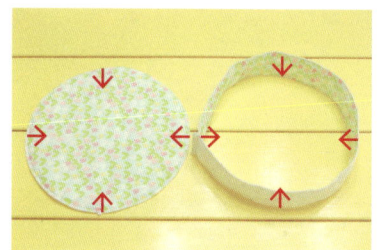  

04 a와 b의 모습이에요. 각각 4등분해서 중심을 표시해요.

05 a와 b는 4등분해서 표시한 곳을 겉면끼리 맞대고 먼저 시침핀으로 고정해요. 나머지 부분도 잘 맞춰 시침핀으로 고정해주세요.

06 둘레를 시접 1cm로 박음질해요.

07 a와 b를 연결한 모습이에요.

08 말아박기 노루발로 교체한 다음 프릴감의 긴 부분 한쪽을 말아박기해요.

09 주름 노루발로 교체한 다음 다른 한쪽은 주름을 잡아요.

10 프릴을 사선으로 겉면끼리 맞대고 박음질해요.

11 둘레를 잘 맞춰가며 박음질하세요.

12 시작 부분을 지나 겹친 다음, 10에서처럼 끝 부분도 사선으로 마무리해요.

13 프릴을 단 모습이에요.

14 시접은 오버로크 처리한 다음 안쪽으로 꺾고, 겉면에서 노루발 간격으로 눌러 박음질해요.

15 완성된 모습이에요.

핸드메이드 패브릭 소품 DIY

15
일석이조
수납 포켓

밋밋한 벽면을 꾸며주면서 수납용으로도 요긴한 일석이조 수납 포켓이에요. 집 모양으로 디자인해 문 모양 주머니에 간단한 물건들을 수납할 수 있도록 했어요. 또 검은색과 흰색이 반복되는 넓은 스트라이프 패턴 원단과 블랙 원단, 화이트 원단을 적절하게 배치해 모던하면서도 귀여운 느낌을 살렸어요.

어떻게 만들까?

재료

앞판 a 45×33cm 1장, 앞판 b 45×8cm 2장, 앞판 c 45×35cm 1장, 뒤판 45×76cm 1장, 누빔지 45×76cm 1장, 주머니감 a 15×18cm 2장, 주머니감 누빔지 15×18cm 1장, 주머니감 b 17×18cm 2장, 주머니감 누빔지 17×18cm 1장, 레이스 끈 8cm 1줄
* 말괄량이 사용 원단 – 면, 옥스퍼드 각 1/2마

재단

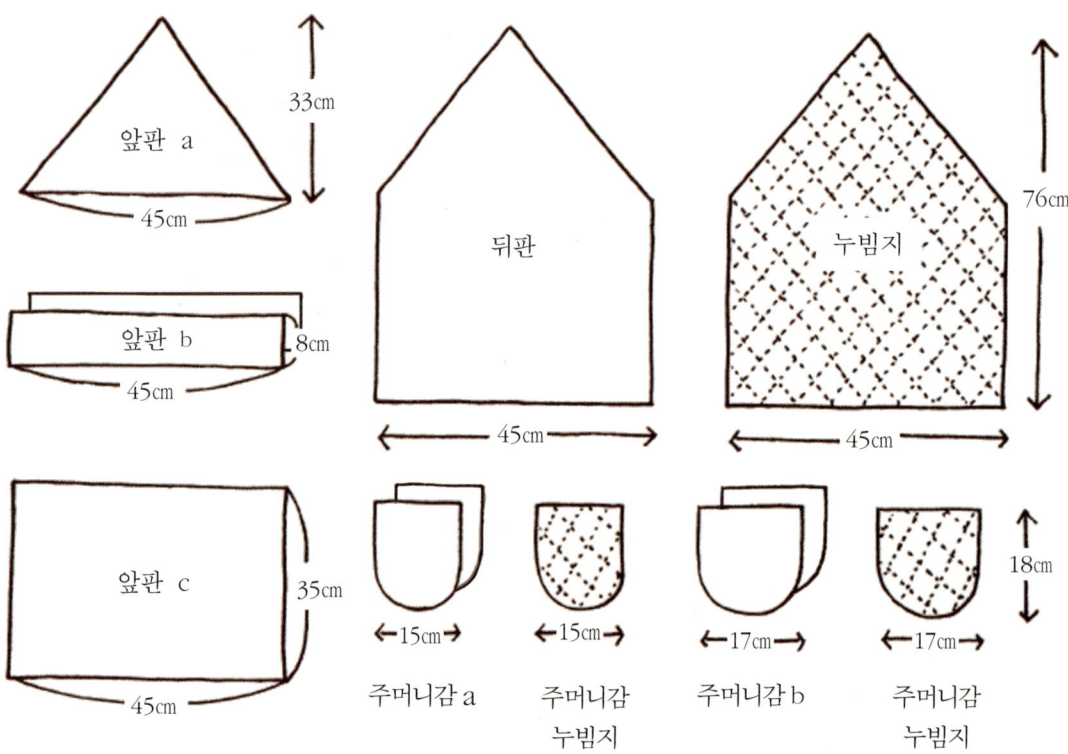

만들기

01 앞판 a와 b를 준비해요.

02 b의 한 면 전체에 시접 1cm를 그려요.

03 6등분으로 똑같이 나누어 표시해요.

04 아랫부분을 둥글게 곡선으로 그려요.

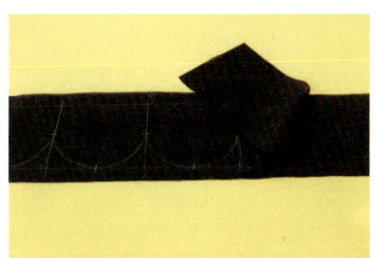
05 4와 다른 b를 겉면끼리 맞대고 시침핀으로 고정해요.

06 한쪽 끝에서부터 곡선을 따라 박음질해요.

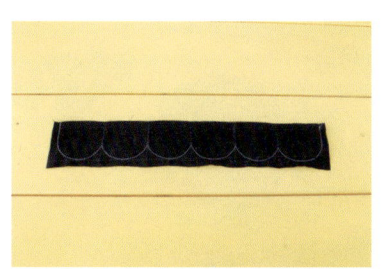
07 박음질된 모습이에요.

08 시접을 조금만 남기고 잘라요.

09 뒤집어서 다림질해 정리해요.

10 앞판 a와 9를 겉면끼리 맞대고 시침핀으로 고정해요. 이때 양 끝에 시접을 1cm씩 남겨주세요.

11 시접 1cm로 박음질해요.

12 앞판 c와 11을 겉면끼리 맞대고 시침핀으로 고정해요.

13 시접선끼리 맞춰 박음질해요.

14 주머니감과 누빔지를 안면끼리 맞대고 둘레를 오버로크 처리해요.

15 나머지 주머니감과 14를 각각 겉면끼리 맞대요. 창구멍을 제외하고 시접 1cm로 박음질해요.

16 뒤집어서 정리한 후 창구멍을 공그르기로 마무리해요.

17 주머니가 완성되었어요.

18 앞판에 완성된 주머니의 위치를 잡아 놓고 윗부분을 제외하고 홈질해서 부착해요.

19 주머니 위쪽에 영문 글자를 쓴 다음 백 스티치해요.

20 글자가 스티치된 모습이에요. 스티치할 때는 굵은 실을 사용하는 게 예뻐요. 굵은 실이 없다면 실을 3~4줄 겹쳐서 스티치하세요.

21 앞판과 누빔지를 맞대고 전체 둘레를 오버로크 처리해요.

22 윗부분에 레이스 끈을 달아요.

23 뒤판과 앞판을 겉면끼리 맞댄 다음 창구멍을 제외하고 시접 1cm로 박음질해요.

24 뒤집어서 정리하고 창구멍은 공그르기로 마무리해요.

25 둘레를 노루발 간격으로 한 번 눌러 박음질해요.

26 완성된 모습이에요.

늘 가지고 다니는 파우치나 가방을 손수 만들어보세요.
쓰면 쓸수록 나만의 손때가 묻은 애장품이 된답니다.
소중한 물건들을 깔끔하게 수납할 수 있는 파우치,
감각적인 스타일을 완성해주는 가방.
다른 작품에 비해 손이 많이 가지만
차근차근 따라 하다 보면 멋진 작품을 만들 수 있어요.

Part 3

일상의
작은 기쁨,
파우치 & 백

16

색다른
통장 파우치

은행 갈 때마다 '예쁜 통장 파우치 하나 있었으면' 하는 생각이 들곤 하죠? 여러 개의 통장은 물론, 은행에서 준 영수증들을 깔끔하게 수납하면 좋을 테니까요. 그렇다면 상큼한 패턴이 있는 원단을 활용해 색다른 통장 파우치 하나 만들어보면 어떨까요? 겉과 속에 각각 다른 패턴의 원단을 매치하면 더욱 감각적으로 완성할 수 있어요. 안쪽에 주머니를 달면 언제 어느 때나 다용도로 활용할 수 있답니다.

어떻게 만들까?

재료

본판 겉감 27×45cm 1장, 본판 안감 27×45cm 1장, 누빔지 27×45cm 1장, 주머니 겉감 a 26×12cm 1장, 주머니 안감 a 26×12cm 1장, 주머니 누빔지 a 26×12cm 1장, 주머니 겉감 b 26×18cm 1장, 주머니 안감 b 26×18cm 1장, 주머니 누빔지 b 26×18cm 1장, 지퍼 22.5cm 1줄, 싸개 단추 1개, 고무줄 끈 12cm 1줄
* 말괄량이 사용 원단 - 면 1/2마

재단

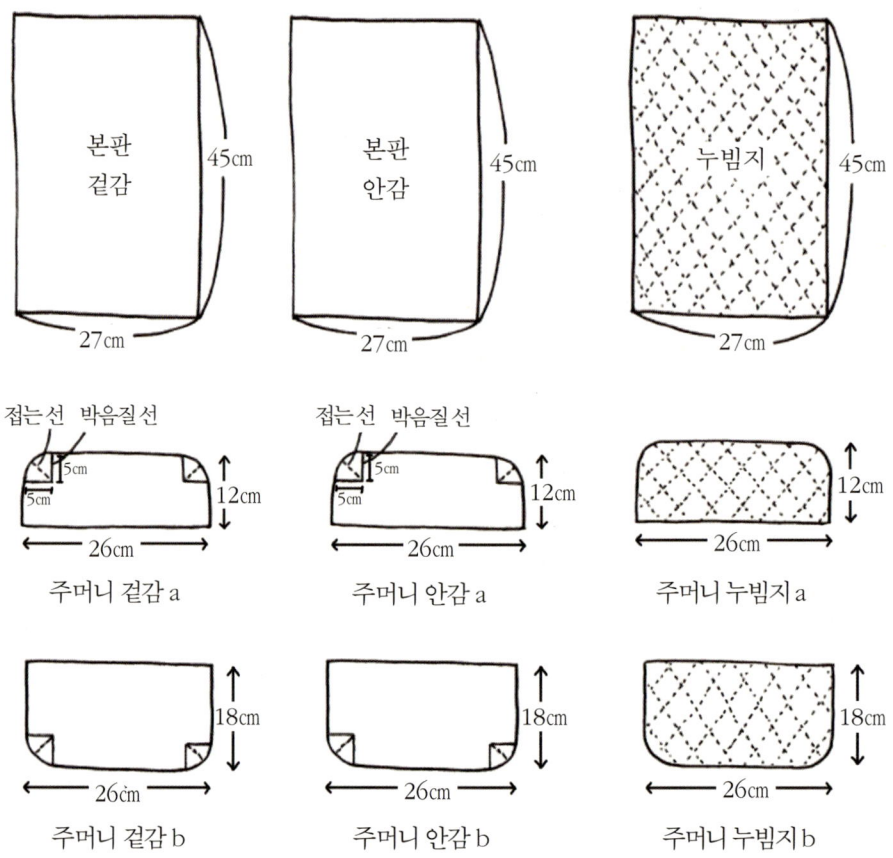

만들기

01 주머니 겉감 a, b와 주머니 누 빔지 a, b를 안면끼리 각각 맞 대고 안감도 준비해요.

02 누빔지를 덧댄 겉감은 전체 둘 레를 오버로크 처리해요.

03 도안을 보고 밑부분에 표시를 해주세요.

04 대각선으로 포개 시침핀으로 고정해요.

05 표시한 선을 따라 박음질해 요. 시접은 0.7cm 정도 남기 고 잘라내요.

06 겉감의 주머니가 완성된 모습 이에요.

07 안감도 3~5와 같은 방법으로 박음질하고 시접을 잘라내요.

08 겉감과 안감을 겉면끼리 맞대 고 시침핀으로 고정해요.

09 창구멍을 제외하고 둘레를 시 접 1cm로 박음질해요.

10 창구명으로 뒤집어 공그르기로 마무리해요.

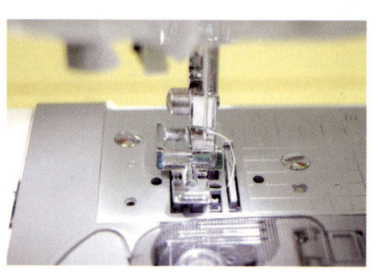

11 지퍼 노루발로 교체해요.

12 먼저 주머니 b에 지퍼를 달아주세요.

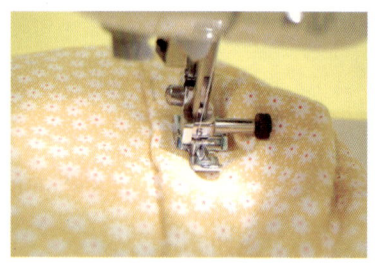

13 주머니 겉감 a를 주머니 안감 b 위로 덮어 박음질해요.

14 박음질해서 내려가다가 지퍼 알을 끼우고 마무리해요.

15 지퍼를 단 모습이에요.

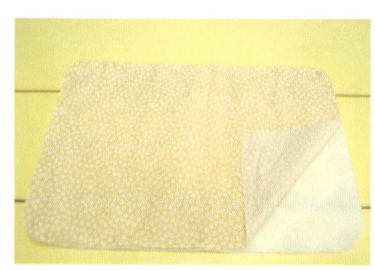

16 본판 안감과 누빔지를 안면끼리 맞대고 시침핀으로 고정해요.

17 전체 둘레를 오버로크 처리해요.

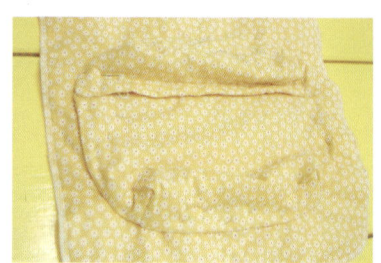

18 주머니의 위치를 잡고 시침핀으로 고정해요.

19 끝박음질로 주머니 둘레를 박음질해요.

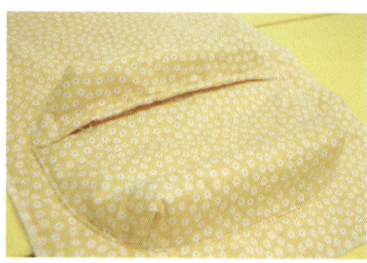
20 본판 안감에 주머니를 단 모습이에요.

21 중심에 고무줄 끈을 놓고 박음질해요.

22 본판 겉감과 21을 겉면끼리 맞대고 시침핀으로 고정해요.

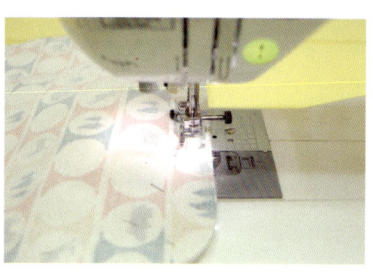
23 창구멍을 제외하고 둘레를 시접 1cm로 박음질해요.

24 창구멍으로 뒤집어 정리한 다음 공그르기로 마무리해요.

25 둘레를 노루발 간격으로 눌러 박음질해요.

26 싸개 단추를 달아요.

27 완성된 모습이에요.

핸드메이드 패브릭 소품 DIY

17

심플하고
깔끔한 필통

무심코 가방에 넣었다가는 정작 필요할 때 찾지 못해 발을 동동 구르게 만드는 펜과 연필들. 필통에 가지런히 넣어 가지고 다니면 이런 곤란한 일을 겪지 않아도 되겠죠? 푹신푹신한 느낌이 좋은 심플한 필통 하나 만들어보세요. 이것만 있으면 펜과 연필들이 가방 안에서 데굴데굴 굴러다닐 일이 없답니다. 각양각색 원단으로 여러 개 만들어 친구들에게 선물해도 좋아요.

Part 3 일상의 작은 기쁨, 파우치 & 백

어떻게 만들까?

재료

겉감 12×21cm 2장, 안감 12×21cm 2장, 누빔지 12×21cm 2장, 뚜껑 9×9cm 2장, 뚜껑 누빔지 9×9cm 1장, 똑딱이 단추 1쌍, 나무 단추 1개
* 말괄량이 사용 원단 – 면 1/4 마

재단

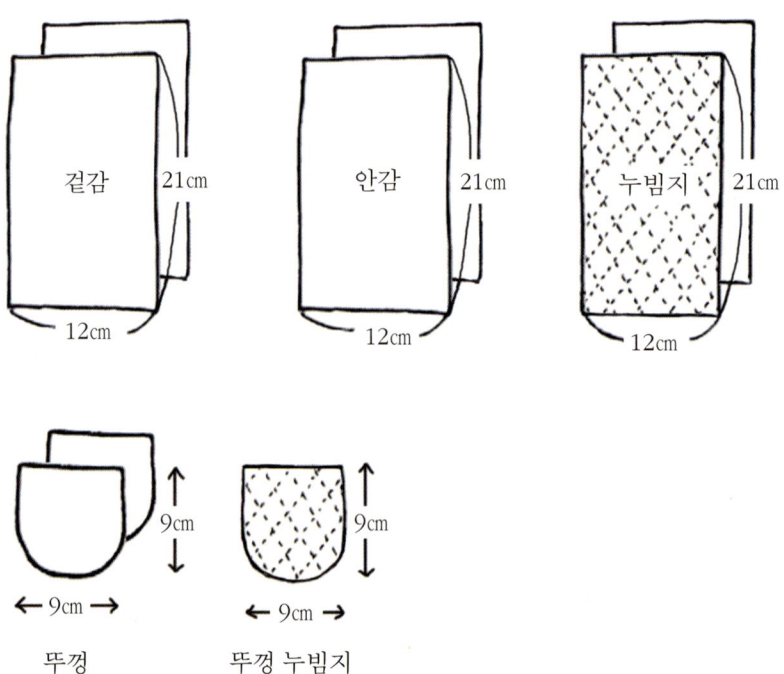

뚜껑   뚜껑 누빔지

만들기

01 겉감, 뚜껑 원단과 누빔지를 각각 안면끼리 맞대고 시침핀으로 고정해요.

02 각각 전체 둘레를 오버로크 처리해요.

03 겉감 2장을 겉면끼리 맞대고 세 면을 시접 1cm로 박음질해요.

04 안감 2장도 겉면끼리 맞대고 시침핀으로 고정해요. 한 면에 창구멍을 남기고 3과 같이 박음질해요.

05 겉감은 시접을 반만 남기고 잘라내요. 모서리 부분은 사선으로 잘라주세요.

06 뚜껑 원단을 겉면끼리 맞대고 곡선 부분을 시접 1cm로 박음질해요.

07 시접을 반만 남기고 잘라내요.

08 7을 뒤집어서 다림질해 정리한 다음 겉면에 나무 단추를 달아요.

09 겉감 안에 뚜껑을 겉면이 닿도록 넣어 시침핀으로 고정해요.

10 입구 둘레를 노루발 간격으로 박음질해요.

11 겉감의 겉면과 안감의 겉면을 맞대고 시침핀으로 고정해요.

12 입구 둘레를 노루발 간격으로 박음실해요.

13 안감과 겉감이 연결된 모습이에요.

14 안감의 창구멍으로 뒤집어 잘 정리하고 끝박음질해요.

15 뚜껑에 똑딱이 단추를 달아요.

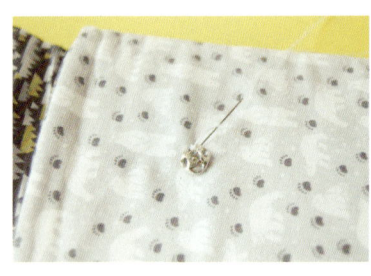

16 몸통에도 똑딱이 단추를 달아요.

17 완성된 모습이에요.

핸드메이드 패브릭 소품 DIY

18

프레임
안경 파우치

진짜 멋쟁이는 늘 가지고 다니는 작은 소품 하나에도 자신만의 감각을 부여할 줄 안답니다. 흔히 안경 가게에서 주는 안경집은 밋밋하고 예쁘지도 않잖아요. 분신처럼 가지고 다니는 안경을 좀 더 소중하게 보관할 수 있도록 나만의 안경 파우치를 만들어보세요. 저는 미니 하우스 그림이 줄지어 프린트된 노란색 원단과 초록색 도트 무늬 원단으로 기다란 파우치를 만들고 프레임을 달아 독특한 디자인으로 완성했어요.

어떻게 만들까?

재료

겉감 33×26cm 1장, 안감 33×26cm 1장, 접착솜 33×26cm 1장, 프레임 1개
* 말괄량이 사용 원단 – 면 1/2마

재단

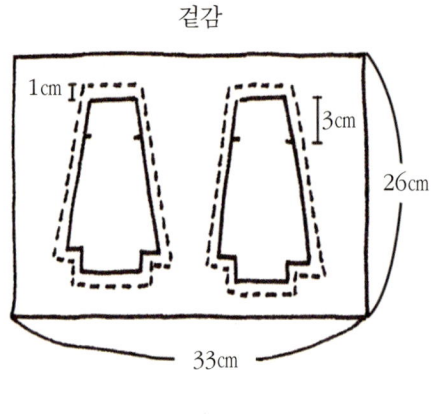

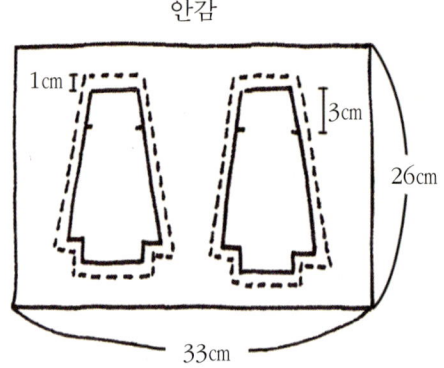

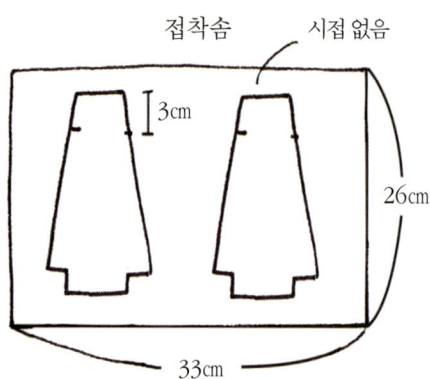

만들기

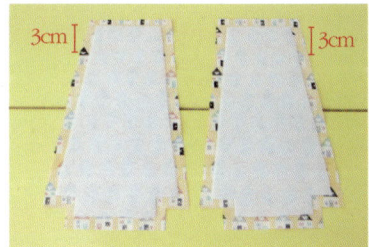 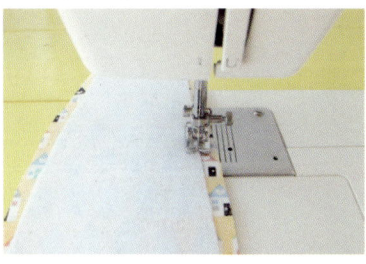 

01 도안을 대고 그린 겉감 안면과 접착솜을 다림질해서 붙여요.

02 시작 부분 양쪽에 3cm씩 표시한 다음 겉면끼리 맞대고, 표시한 곳부터 박음질해요.

03 안감은 창구멍을 제외하고 2와 같은 방법으로 박음질해요.

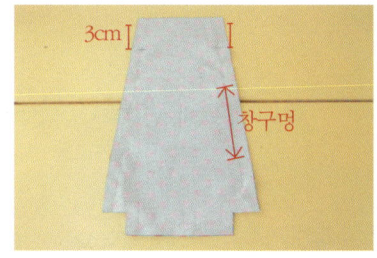 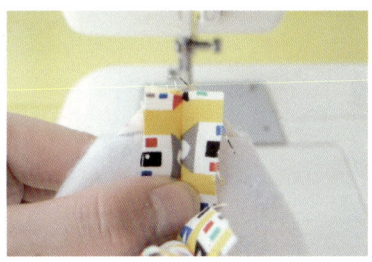 

04 안감이 박음질된 모습이에요. 겉감도 같은 모습이죠. 표시한 곳과 창구멍은 박음질하지 않은 부분이에요.

05 밑판의 각을 잡아요.

06 박음질해서 모양을 잡아요.

  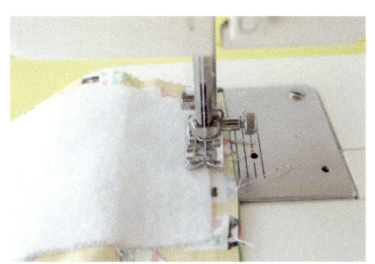

07 안감을 뒤집어 겉감 안에 겉면끼리 맞닿도록 넣어요.

08 안감과 겉감의 박음질하지 않은 부분을 서로 잘 맞춰 손바느질로 박음질해요.

09 입구 부분도 박음질해요.

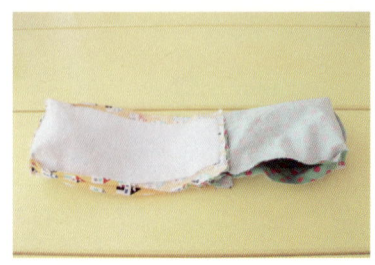

10 안감과 겉감이 연결된 모습이에요.

11 안감의 창구멍으로 뒤집어 정리하고 공그르기로 마무리해요. 겉감을 안으로 잘 넣고 입구를 다림질해서 정리해요.

12 프레임에 끼워요. 작은 드라이버를 이용하면 쉽게 끼울 수 있어요.

13 양옆과 중심을 시침질로 고정해요. 바느질하다 모양이 흐트러질 수 있으므로 고정하는 것이 좋아요.

14 초록색 실로 바느질해 프레임에 고정해요.

15 안쪽도 바늘땀이 고르게 되도록 바느질해서 완성해요.

말괄량이's Plus Info

원단과 부자재, 디자인 먼저 고민하고 고르세요

원단을 잘 고르려면 직접 눈으로 보고 만져보면서 색감이나 패턴, 질감 등을 매치하는 연습을 꾸준히 하는 게 중요해요. 파우치나 가방 등 개인적인 소품이나 옷을 만들 때는 자신의 취향에 맞게 선택해서 매치해보면 돼요. 인테리어 소품을 만들 경우에는 자신의 집과 잘 어울리는 색감과 패턴인지 따져보고 선택해야 해요. 원단은 예쁜데 자신의 집과 조화를 이루지 못하고 동떨어지거나 너무 튀면 안 되니까요.

원단을 구입하기 전에는 무엇을 어떻게 만들지 스케치해보고 색감이나 패턴, 질감 등을 먼저 정하세요. 그런 다음 구입해야 실패할 확률이 적어요. 무턱대고 예뻐서 구입하면 딱히 뭘 만들어야 할지 모르거나 막상 매치할 원단이 없어 모셔만 두게 되는 경우가 생겨요. 이미 가지고 있는 원단들이 있을 때는 그 원단들과 새로 구입하고자 하는 원단이 잘 매치될지도 생각해보는 게 좋아요.

부자재도 마찬가지예요. 예쁜 걸 보면 '언젠가는 쓸 거야' 하면서 구입하게 되는 경우가 많잖아요. 예쁜 걸 모아두는 것도 좋겠지만, '어떤 소품에 어떻게 포인트를 주면 좋겠다'라는 생각을 먼저 한 다음 구입하는 게 더욱 좋아요. 이렇게 해야 쓸모없이 쟁여두지 않게 돼요.

단, 예외가 있어요. 정말 구하기 힘든 원단이나 특이한 부자재 등 특별한 가치가 있는 경우에는 구입해서 소장해두는 것도 좋답니다.

19

봄비 파우치

하늘에서 알록달록 색깔 비가 내린다면 어떨까요? 참 신기하고 재미있을 거예요. 색깔 비가 그려진 원단을 보며 어린아이처럼 즐거운 상상을 해봅니다. 이렇듯 다채로운 패턴의 원단들은 우리에게 색다른 생각을 움트게 해요. 보기만 해도 기분이 좋아지는 원단으로 파우치를 만들어보세요. 쓰면 쓸수록 애착이 간답니다.

어떻게 만들까?

재료

겉감 17×22cm 2장, 안감 17×22cm 2장, 누빔지 17×22cm 1장, 구름 모양 뚜껑 34×12cm 1장(안감과 같은 원단), 똑딱이 단추 1쌍, 가죽 라벨 1개
* 말괄량이 사용 원단 – 면, 옥스퍼드 각 1/2마

재단

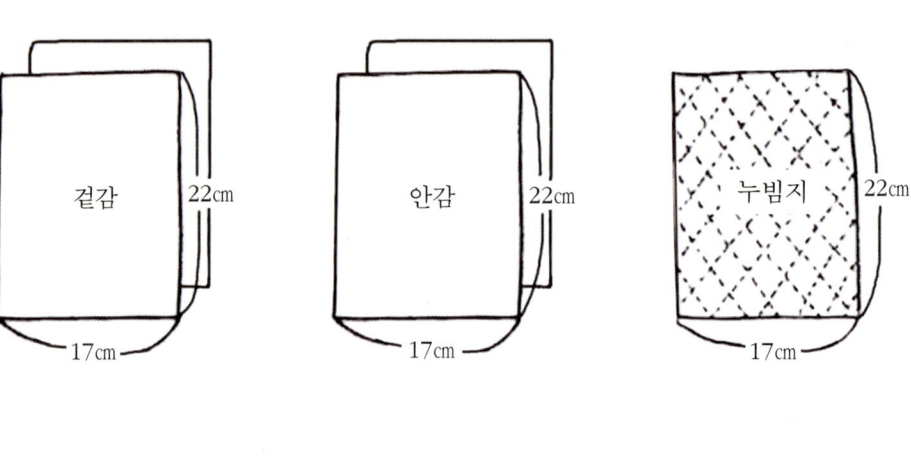

구름 모양 뚜껑

만들기

01 겉감과 누빔지를 각각 안면끼리 맞대고 전체 둘레를 오버로크 처리해요.

02 1의 세 면에 시접 1cm를 그린 다음 겉면끼리 맞대고 시침핀으로 고정해요.

03 시접선을 따라 박음질해요.

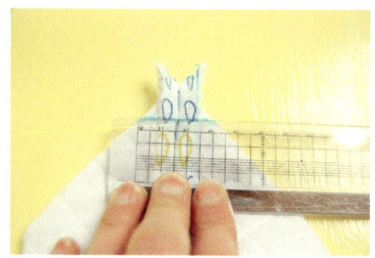

04 밑바닥의 각을 잡은 다음 3cm를 표시해요.

05 표시한 부분을 박음질해요.

06 시접을 0.7cm 정도 남기고 잘라내요.

07 바닥 부분에 각이 잡힌 모습이에요.

08 가죽 라벨을 준비해요.

09 파우치 아랫부분에 라벨의 위치를 잡은 다음 빨간색 실로 달아요.

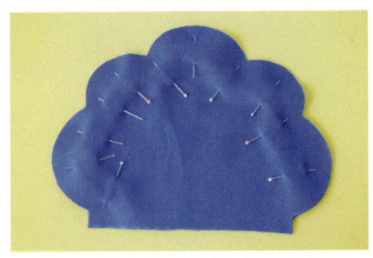

10 구름 모양 뚜껑을 겉면끼리 맞대고 시침핀으로 고정해요.

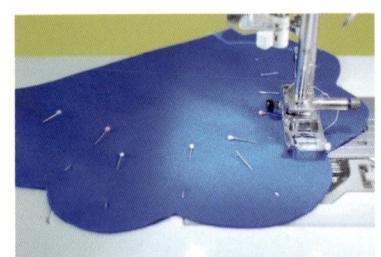

11 구름 모양을 따라 둘레를 시접 1cm로 박음질해요.

12 뒤집어서 곡선을 잘 정리한 다음 다림질해요.

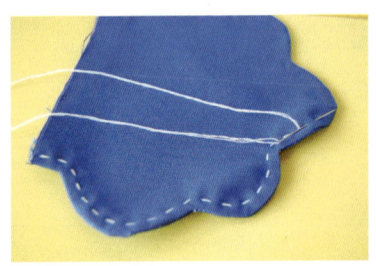

13 가장자리를 흰색 실로 홈질해 장식해요.

14 홈질로 장식한 모습이에요.

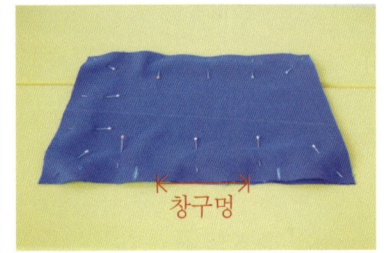

15 안감은 2~6과 같이 박음질해요. 한 면에 창구멍을 표시하고, 창구멍을 제외하고 박음질해요.

16 겉감과 안감의 모습이에요.

17 겉감의 겉면과 뚜껑의 안면을 맞대고 윗부분을 박음질해요.

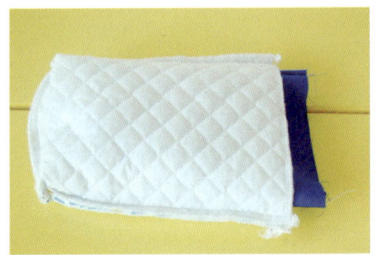

18 겉감의 겉면과 안감의 겉면이 마주 닿도록 겉감에 안감을 집어넣고 입구를 시침핀으로 고정해요.

19 입구를 시접 1cm로 박음질해요.   **20** 안감의 창구멍으로 뒤집은 다음 끝박음질로 마무리해요.   **21** 똑딱이 단추를 달아 완성해요.

20

화사한 뷰티 파우치

여자의 가방 속 필수품인 화장품 파우치. 간단하게 챙긴다고 해도 이것저것 넣다 보면 어느새 빵빵해지기 마련이죠. 컬러풀한 패턴이 그려진 원단으로 넉넉한 화장품 파우치를 만들어보세요. 밑바닥을 타원형으로 디자인하면 그다지 크지 않아도 보통의 사각 파우치보다 많이 수납할 수 있답니다. 똑딱이 단추로 여미게 하면 화장품을 자주 넣었다 뺐다 하기도 편리해요. 싱그러운 패턴이 기분까지 상쾌하게 바꿔준답니다.

어떻게 만들까?

재료

바닥 겉감 25×18cm 1장, 바닥 안감 25×18cm 1장, 누빔지 25×18cm 1장, 둘레 겉감 57×15cm 1장, 둘레 안감 57×15cm 1장, 누빔지 57×15cm 1장, 사시꼬미 2쌍, 똑딱이 단추 1쌍
* 말괄량이 사용 원단 - 옥스퍼드 1/2마

재단

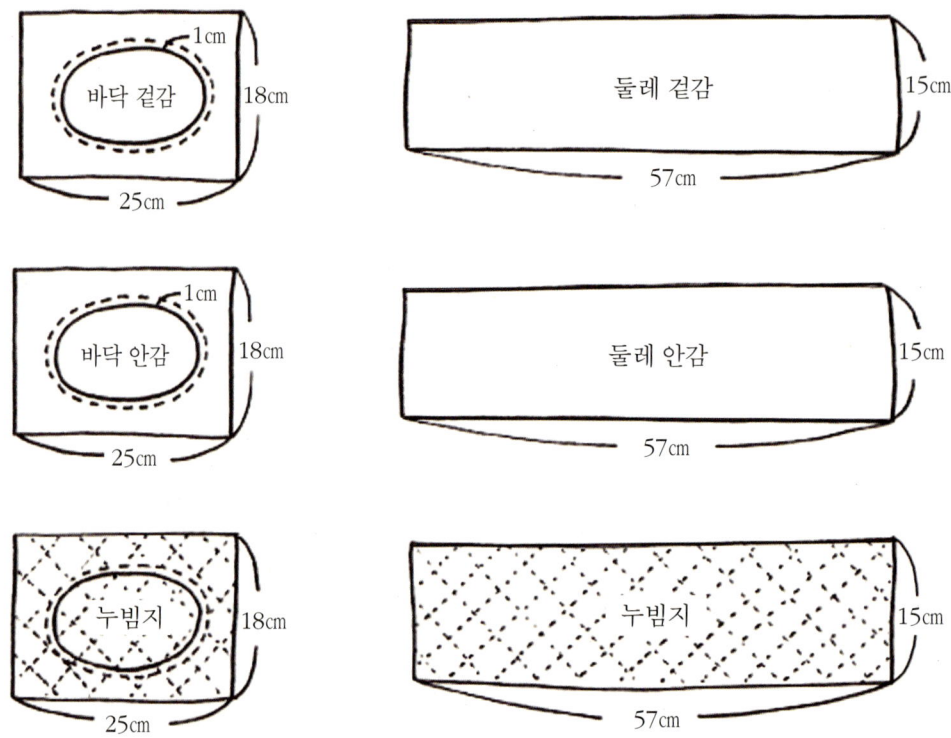

만들기

01 바닥 겉감과 둘레 겉감은 각각의 누빔지를 안면끼리 맞대고 시침핀으로 고정해요.

02 전체 둘레를 오버로크 처리해요.

03 둘레를 겉면이 마주 닿게 반으로 접어 시접 1cm로 박음질해요.

04 바닥의 네 면에 각각 중심을 표시해요.

05 둘레의 네 면에도 각각 중심을 표시해요.

06 바닥과 둘레를 겉면끼리 맞대고 중심끼리 맞춘 후 시침핀으로 꼼꼼하게 고정해요.

07 시접 1cm로 박음질해요.

08 바닥의 원형 모양이 예쁘게 나와야 해요.

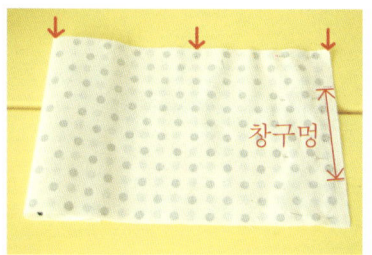

09 둘레 안감은 겉면끼리 맞대고 창구멍을 표시한 다음 창구멍을 제외하고 시접 1cm로 박음질해요.

10 둘레 안감과 바닥 안감을 겉면끼리 맞대고 시접 1cm로 박음질해요.

11 겉감의 겉면과 안감의 겉면을 잘 맞춰 시침핀으로 고정해요.

12 입구를 시접 1cm로 박음질해요.

13 안감과 겉감이 연결된 모습이에요.

14 창구멍으로 뒤집어 정리한 다음, 창구멍을 끝박음질로 마무리해요.

15 잘 정리해서 다림질해요.

16 입구를 노루발 간격으로 한 번 눌러 박음질해요.

17 중심에 똑딱이 단추를 달아요.

18 맞은편 중심에도 나머지 단추를 달아요.

19 사시꼬미 2쌍을 준비해요.

20 옆면의 중심에서 3cm를 표시해요.

21 사시꼬미를 대고 표시해요.

22 사시꼬미를 표시한 부분에 맞춰놓고 바느질해요.

23 나머지 사시꼬미도 맞물리는 부분에 맞춰놓고 바느질해요. 다른 옆면에도 마찬가지 방법으로 사시꼬미를 달아주세요.

24 완성된 모습이에요.

21

아담한
스마트폰 파우치

언제 어디서나 내 손에서 떠날 날 없는 소중한 스마트폰! 떨어뜨려서 깨지거나, 긁혀서 상처가 날까 봐 늘 노심초사하는 분들 많으시죠? 전전긍긍만 하지 말고 안전하게 보호해줄 집을 하나 만들어주세요. 각양각색 원단을 이어 붙여 예쁜 집 한 채 지어주면 마음이 한결 가뿐해질 거예요.

어떻게 만들까?

재료

겉감 a 15×7cm 2장, 겉감 b 15×19cm 2장, 안감 15×24cm 2장, 누빔지 15×24cm 2장, 장식 c 6×7cm 2장, 장식 d 10×8cm 2장, 모양 단추 5개, 레이스 약간, 핸드메이드 라벨 1개

* 말괄량이 사용 원단 – 면, 리넨 각 1/2마

재단

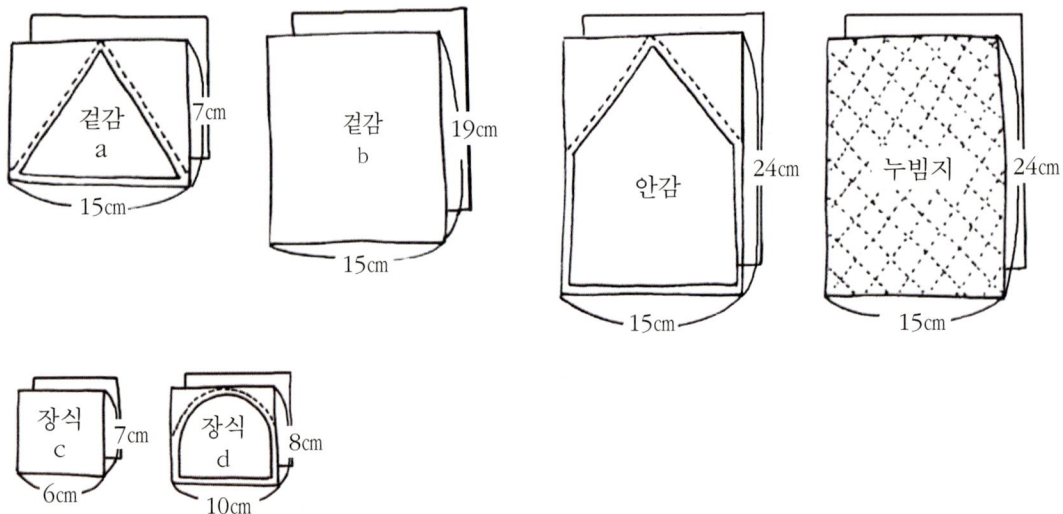

만들기

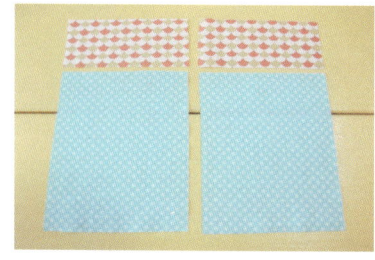  

01 겉감 a와 b를 각각 2장씩 준비해요.

02 겉면끼리 맞대고 시접 1cm로 박음질해요.

03 시접을 꺾어서 끝박음질로 눌러 박음질해요.

04 3과 누빔지를 안면끼리 맞대고 전체 둘레를 오버로크 처리해요.

05 장식 d를 겉면끼리 맞대고 문 모양을 그린 다음, 밑부분을 남기고 둘레를 박음질해요.

06 장식 c도 겉면끼리 맞대고 시접 1cm로 완성선을 그린 다음, 완성선을 따라 전체 둘레를 박음질해요.

07 장식 d는 밑부분으로 뒤집고, 장식 c는 뒤쪽에 가위집을 내 뒤집은 다음, 각각 다림질해요.

08 앞판에 장식 c와 d를 위치를 잡아 놓고 박음질해서 붙여요.

09 창문 모양을 손바느질로 표현해요.

10 줄기 부분도 손바느질로 표현해요.

11 모양 단추를 달아요.

12 창문 옆쪽에 원하는 글자를 쓴 다음 손바느질로 표현해요.

13 창문 밑에 레이스를 달아 포인트를 주세요.

14 앞판과 안감을 겉면끼리 맞대요.

15 시접을 그린 다음 창구멍을 제외하고 박음질해요.

16 뒤판과 안감을 맞대서 15처럼 박음질하고 핸드메이드 라벨을 달아요.

17 각각 창구멍으로 뒤집어 다림질해요.

18 창구멍은 공그르기로 마무리해요.

19 앞판과 뒤판을 안면끼리 맞대고 둘레를 홈질해 붙여요.

20 한쪽에 똑딱이 단추를 달아요.

21 맞은편에도 달아 완성해요.

핸드메이드 패브릭 소품 DIY

22

요거 하나면 OK, Sewing bag

바느질을 좋아하는 사람이라면 누구나 갖고 싶어 하는 머스트 해브 아이템이 바로 소잉백이랍니다. 바늘과 실은 물론, 갖가지 바느질 도구와 부자재들을 깔끔하게 수납할 수 있으니까요. 그런데 안타깝게도 시중엔 예쁘면서 기능성도 탁월한 소잉백이 거의 없죠. 세상에 없다면 창조하는 수밖에요. 상큼한 패턴 패브릭으로 개성 만점 소잉백을 만들어보세요. 나만의 소잉백에 바느질 용품 가지런히 담아 바느질하러 고고씽!

어떻게 만들까?

재료

몸판 겉감 32×45cm 1장, 몸판 안감 32×45cm 1장, 누빔지 32×45cm 1장, 주머니 a 11×18cm 2장, 주머니 a 뚜껑 11×5.5cm 2장, 주머니 b 7×14.5cm 2장, 주머니 b 뚜껑 7×4.5cm 2장, 주머니 c 5.5×17cm 2장, 주머니 d 겉감 8×22cm 2장, 주머니 d 안감 6×18cm 2장, 주머니 e 22×17cm 2장, 주머니 e 뚜껑 22×8.5cm 2장, 손잡이 32.5×7cm 2장, 프릴감 440×5cm 1줄, 고무줄 끈 57cm 1줄, 고무줄 끈 4.5cm 1줄, 가죽 리벨 1개, 씨게 단추 3개, 똑딱이 단추 1쌍, 방울솜 약간
* 말괄량이 사용 원단 – 리넨, 옥스퍼드 각 1마

재단

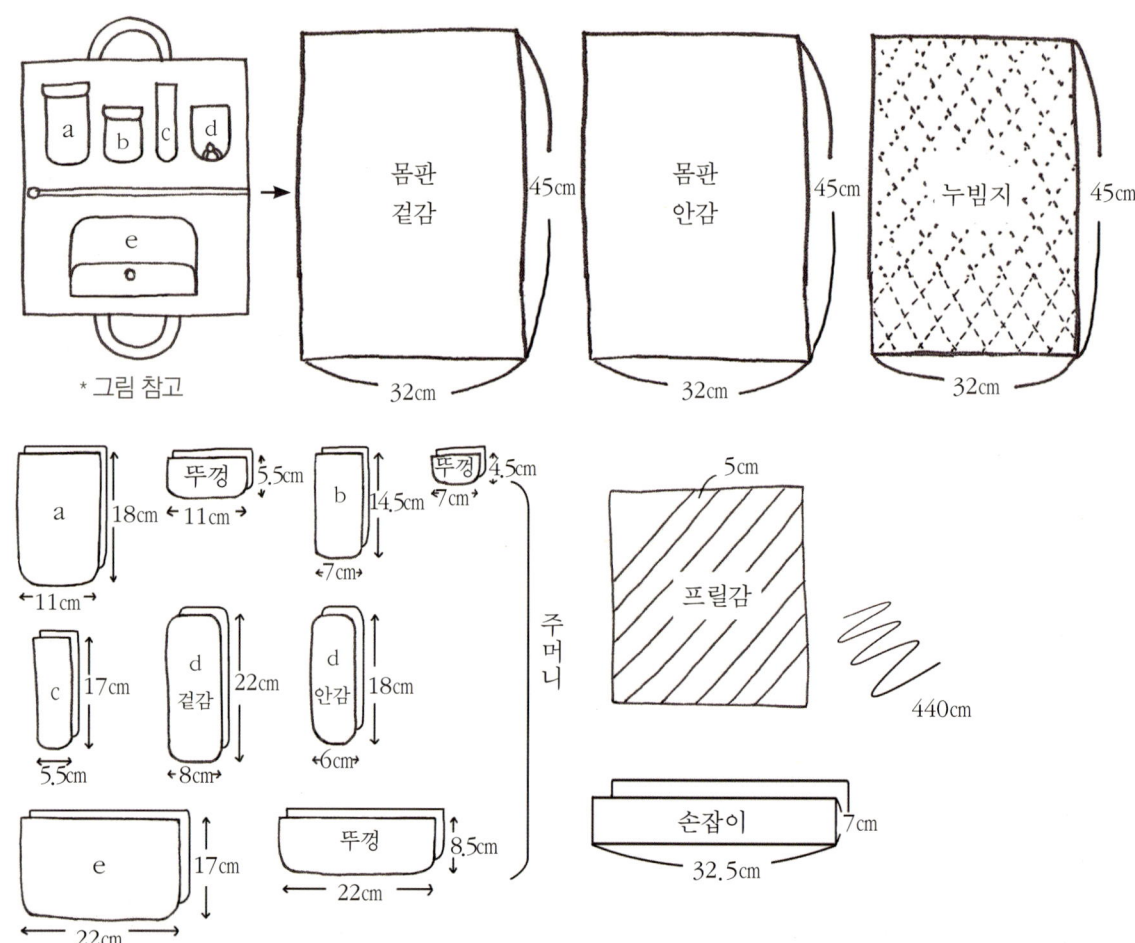

만들기

01 몸판 안감과 누빔지를 안면끼리 맞대고 시침핀으로 고정한 다음 전체 둘레를 오버로크 처리해요.

02 주머니 a의 밑부분 모서리를 굴려서 잘라낸 다음, 겉면끼리 맞대고 시침핀으로 고정해요.

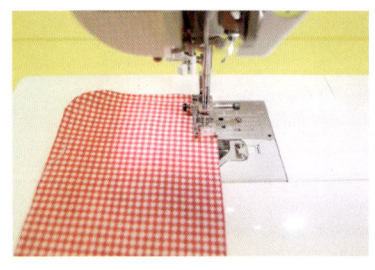

03 창구멍을 남기고 전체 둘레를 노루발 간격으로 박음질해요.

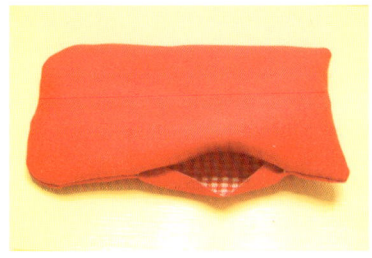

04 창구멍으로 뒤집어 정리해요.

05 주머니 a의 뚜껑 부분도 밑부분 모서리를 굴려서 잘라낸 다음 겉면끼리 맞대요. 창구멍을 남기고 전체 둘레를 노루발 간격으로 박음질해요.

06 창구멍으로 뒤집어 정리해요. 주머니 b, c, e도 2~6과 같은 방법으로 만들어요.

07 주머니 d의 겉감과 안감을 네 모서리를 굴려서 잘라낸 다음, 겉면끼리 맞대고 창구멍을 남겨 박음질해요.

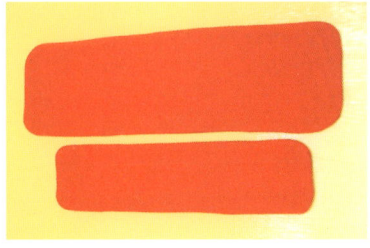

08 주머니 d의 겉감과 안감 모습이에요.

09 모든 창구멍은 공그르기로 마무리해요.

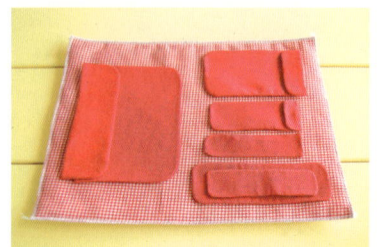

10 주머니 a, b, c, d, e 모두 몸판에 배치해서 시침핀으로 고정해요.

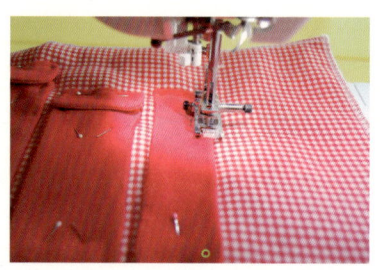

11 밑실과 윗실을 빨간색 실로 교체한 다음, 끝박음질로 몸판에 하나씩 붙여요.

12 뚜껑 부분은 모두 흰색 실로 홈질해요.

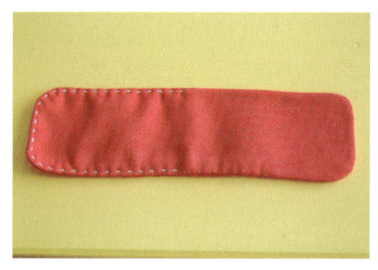

13 주머니 d의 겉감은 반만 홈질해요.

14 주머니 d의 겉감 위에 안감 d를 놓고 중심을 박음질해서 몸판에 붙여요.

15 아랫부분 중심 쪽에 고무줄 끈을 넣고 박음질해요.

16 각각 뚜껑을 박음질해서 붙여요.

17 주머니 a, b, c, d를 붙인 모습이에요.

18 주머니 e를 끝박음질로 몸판에 붙여요.

 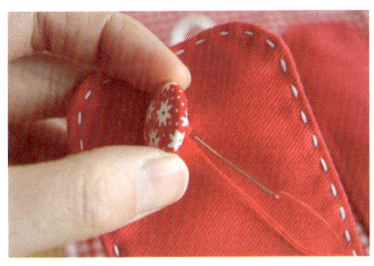 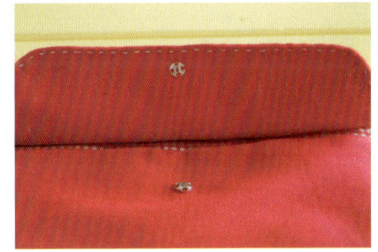

19 뚜껑을 박음질해서 붙여요.

20 주머니 d에 싸개 단추를 달아요.

21 주머니 e에 똑딱이 단추를 달고, 뚜껑 겉면에는 싸개 단추를 달아요.

22 프릴감은 반으로 접어 다림질 해놓아요. 그런 다음 손으로 1cm씩 접어서 간격 주름을 만들어요.

23 간격 주름이 잡힌 모습이에요.

24 몸판 가장자리에 프릴을 놓고 시작 부분에서 프릴을 사선으로 놓고 박음질해요. 이때 처음 프릴을 만들 때 박음질한 바느질 선에 맞춰 박음질해요.

25 모서리 부분은 살짝 굴려주면서 박음질해요.

26 전체 둘레를 박음질해요.

27 시작 부분까지 오면 시작 부분을 3~4cm 정도 지나도록 덮어서 박음질해요. 24와 같이 사선으로 놓고 박음질해서 마무리해요.

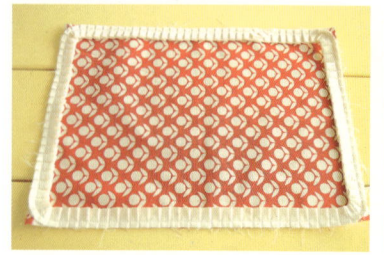
28 둘레에 프릴을 단 모습이에요.

29 가죽 라벨을 준비해요.

30 몸판 윗부분의 중심에 박음질해서 붙여요.

31 손잡이를 반으로 접어 노루발 간격으로 박음질해요.

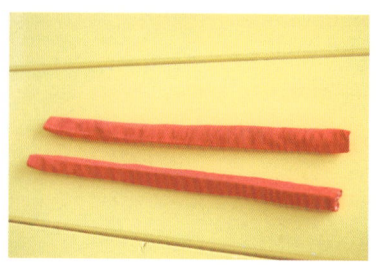
32 손잡이를 뒤집어요.

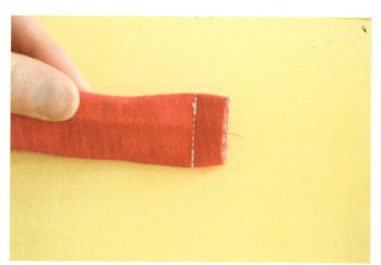
33 끝 부분을 박음질해요.

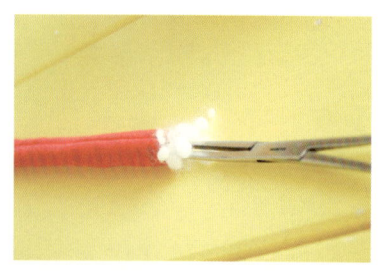
34 방울솜을 넣고 33과 같이 끝 부분을 박음질해요. 솜은 너무 많이 넣지 말고 적당히 통통할 정도로만 넣어주세요.

35 솜을 채운 모습이에요.

36 몸판에 손잡이를 박음질해서 달아요.

37 손잡이를 단 모습이에요.

38 몸판의 중심에 고무줄 끈을 놓고 박음질해서 달아요.

39 몸판의 겉감과 안감을 겉면끼리 맞대고 시침핀으로 고정한 다음 창구멍을 표시해요.

40 창구멍을 제외하고 전체 둘레를 박음질해요.

41 뒤집은 후 정리해서 창구멍을 공그르기로 마무리해요.

42 전체 둘레를 시접 1cm로 눌러가며 박음질해 테두리를 정리해요.

43 똑딱이 단추를 달아요.

44 고무줄 끈을 끼울 부분에 싸개 단추를 달아요.

45 완성된 안쪽 모습이에요.

23

포인트로
들기 좋은
Easy bag

청바지에 흰 면 티셔츠, 그리고 이지백. 이렇게 심플하게 연출했는데도 스타일리시하다면 얼마나 좋을까요. 그 꿈을 실현시켜주기 위한 사소한 팁 한 가지 알려드릴게요. 바로 이지백은 살짝 튀는 디자인으로 선택해 포인트로 매치하는 게 좋다는 거예요. 언제 어디서나 가쁜하게 들기 좋은 이지백. 담백한 블랙 패턴 원단과 앙증맞고 컬러풀한 원단을 매치한다면 특별한 장식을 하지 않아도 감각적인 이지백을 완성할 수 있답니다.

어떻게 만들까?

재료

겉감 a 37×32cm 1장, 겉감 b 37×12cm 1장, 겉감 c 37×42cm 1장, 안감 37×42cm 2장, 누빔지 37×42cm 2장, 둘레 겉감 110×10cm 1장, 둘레 안감 110×10cm 1장, 누빔지 110×10cm 1장, 주머니 22×22cm 2장, 주머니 누빔지 22×22cm 1장, 손잡이 1쌍

* 말괄량이 사용 원단 - 면 1마

재단

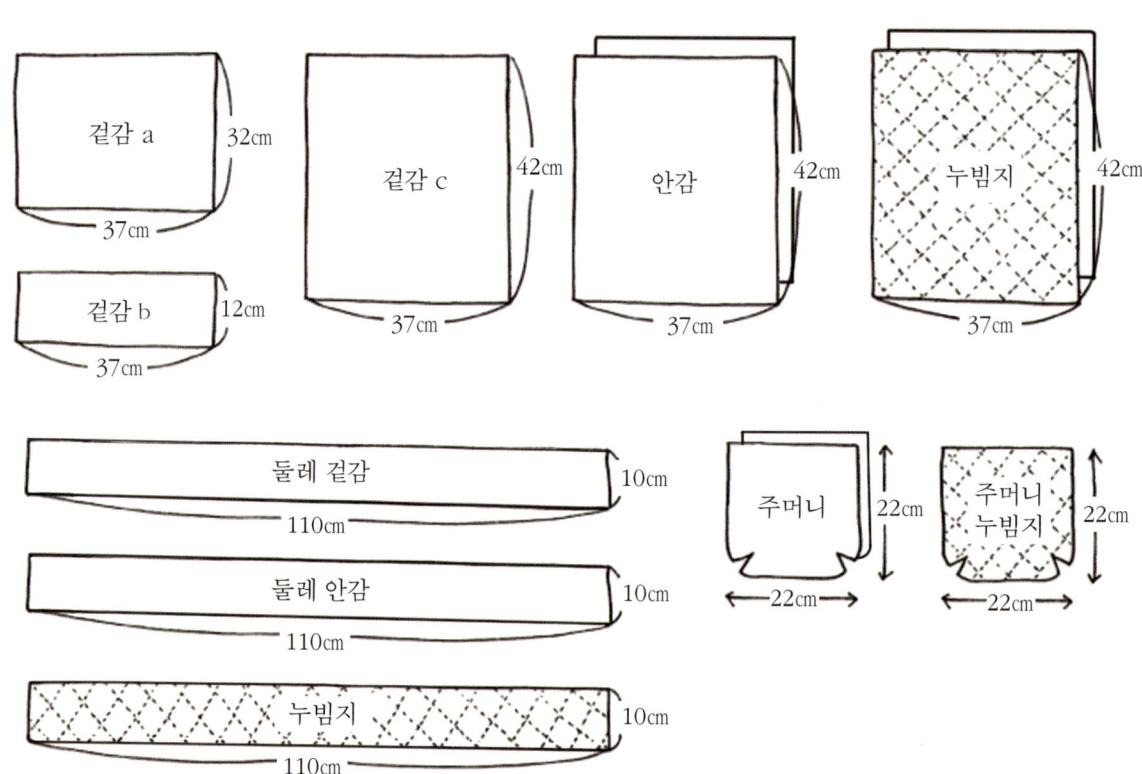

만들기

01 겉감 a와 b는 겉면끼리 맞대고 시접 1cm로 박음질해요.

02 시접을 뒤로 꺾어 겉면에서 끝박음질로 눌러 박음질해요.

03 밑부분의 양쪽 모서리를 둥글게 잘라요.

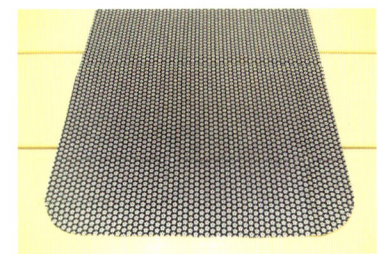

04 뒤판도 양쪽 모서리를 둥글게 잘라요.

05 앞판과 누빔지를 안면끼리 맞대고 시침핀으로 고정해요.

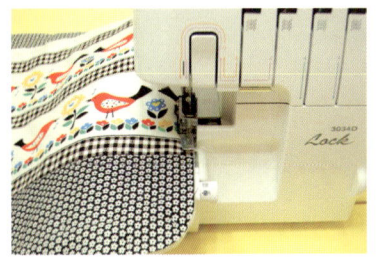

06 전체 둘레를 오버로크 처리해요.

07 주머니 도안을 대고 자른 겉감과 누빔지를 준비해요.

08 주머니 겉감과 누빔지를 안면끼리 맞대고 둘레를 오버로크 처리해요.

09 주머니의 아래 홈 부분은 겉면끼리 맞대고 시접 1cm로 박음질해요.

10 완성된 주머니의 모습이에요.

11 주머니 안감도 겉감과 같이 바느질해요.

12 주머니 겉감과 안감을 겉면끼리 맞대고 시침핀으로 고정한 다음 창구멍을 표시해요.

13 창구멍을 제외하고 노루발 간격으로 박음질해요.

14 창구멍으로 뒤집어서 정리해요.

15 창구멍 부분을 끝박음질해요.

16 노루발 간격으로 한 번 더 눌러 박음질해요.

17 뒤판에 주머니를 놓고 시침핀으로 고정해요.

18 입구를 제외하고 나머지 둘레를 박음질해서 고정해요.

19 주머니가 부착된 모습이에요.

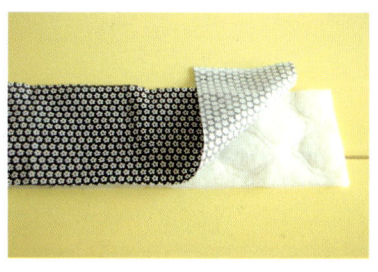

20 둘레와 누빔지를 안면끼리 맞대고 시침핀으로 고정해요.

21 전체 둘레를 오버로크 처리해요.

22 앞판에 둘레를 맞춰 시침핀으로 고정해요.

23 노루발 간격으로 박음질해요.

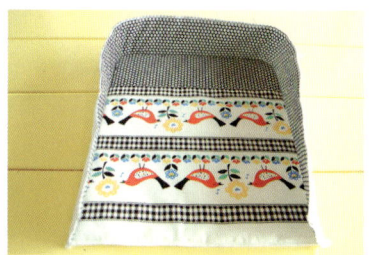

24 앞판과 둘레가 연결된 모습이에요.

25 겉감 c와 맞춰 시침핀으로 고정한 다음 노루발 간격으로 박음질해요.

26 안감은 창구멍을 남기고 같은 방법으로 박음질해요.

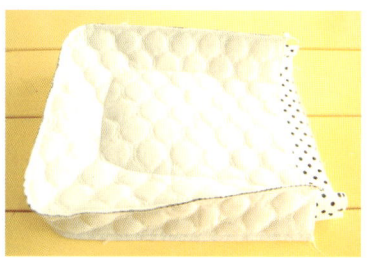

27 겉감의 겉면과 안감의 겉면을 맞대고 시침핀으로 고정해요.

28 시접 1cm로 박음질해요.

29 안감과 겉감이 연결된 모습이에요.

30 안감의 창구멍으로 뒤집어서 창구멍을 정리하고, 끝박음질로 창구멍을 마무리해요.

31 입구를 잘 정리한 다음 노루발 간격으로 눌러 박음질해요.

32 입구가 박음질된 모습이에요.

33 손잡이를 달아서 완성해요.

자투리 원단을 쏠쏠하게 활용해보세요

여러 가지 다양한 소품들을 만들다 보면 자투리 원단이 생기는 경우가 많아요. 이런 조각 원단들도 아이디어만 잘 내면 요긴하게 활용할 수 있어요. 기본적으로 서로 다른 원단끼리 패치워크하는 방법이 있지요. 외국 퀼트 서적들을 보면 패치워크하는 방법이 무척 다양하게 나와 있어요. 몇 가지만 알아두어도 소품을 만들 때 응용해서 작업하기 좋아요.
이 외에도 옷을 리폼할 때 자투리 원단을 매치한다든가, 오픈형 나무 수납장에 패브릭을 덧대준  다든가, 오래된 의자의 앉는 부분에 예쁜 패브릭을 씌워준다든가, 낡은 전등갓을 패브릭으로 감싸준다든가 다양하게 활용할 수 있어요. 자투리 원단으로 다양한 리폼을 시도해보면 의외로 재미있는 작업을 할 수 있답니다.

핸드메이드 패브릭 소품 DIY

24

보랏빛 반달 크로스백

자, 이번에는 난이도가 좀 높은 도전을 해볼까요? 파우치를 여러 개 만들어보았다면 이제는 가방도 어렵지 않게 만들 수 있어요. 샤랄라한 느낌이 물씬 나는 보랏빛 반달 크로스백을 한번 만들어보세요. 은은한 패턴이 있는 패브릭으로 반달 모양 가방을 만들고 화사한 하늘빛 코사지를 달아주면 완성된답니다. 러블리한 화이트 원피스나 청바지 차림에 잘 어울려요.

Part 3 일상의 작은 기쁨, 파우치&백

어떻게 만들까?

재료

몸판 겉감 27×19cm 2장, 몸판 안감 27×19cm 2장, 몸판 누빔지 27×19cm 2장, 뚜껑 겉감 32×21cm 1장, 뚜껑 누빔지 32×21cm 1장, 옆판 겉감 47×17cm 1장, 옆판 안감 47×17cm 1장, 옆판 누빔지 47×17cm 1장, 똑딱이 단추 1쌍, 가방 끈 1개, 코사지 1개, 고리 끈 6×3.5cm 2장, D자 모양 고리 2개
* 말괄량이 사용 원단 – 옥스퍼드 1마

재단

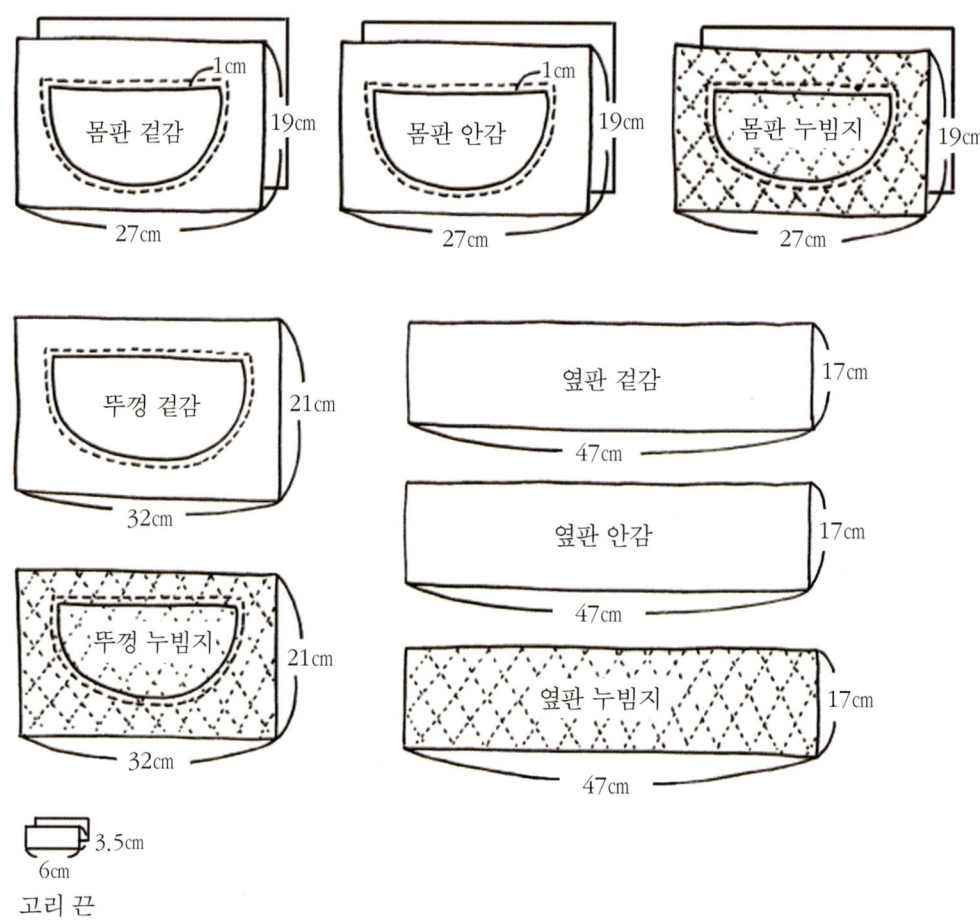

만들기

01 몸판 겉감 2장, 옆판 겉감과 누빔지를 각각 안면끼리 맞대고 둘레를 오버로크 처리해요.

02 겉감 1장과 옆판을 겉면끼리 맞대고 시침핀으로 고정해요.

03 시접 1cm로 박음질해요.

04 나머지 겉감도 옆판과 잘 맞춰 시침핀으로 고정한 다음 시접 1cm로 박음질해요.

05 몸판과 옆판이 연결된 모습이에요.

06 옆판 위쪽에 맞주름을 잡고 시침핀으로 고정해요.

07 고정한 부분을 시침핀을 빼가면서 박음질해요.

08 안감은 창구멍을 남기고 2~4와 같이 진행해요.

09 뚜껑의 겉감과 누빔지를 안면끼리 맞대고 둘레를 오버로크 처리해요. 뚜껑 안감도 준비해요.

10 겉감과 안감을 겉면끼리 맞대고 시침핀으로 고정해요.

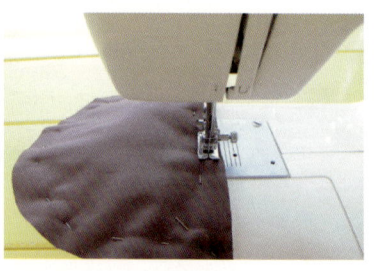

11 한 면에 창구멍을 제외하고 시접 1cm로 박음질해요.

12 창구멍으로 뒤집어 정리한 후 공그르기로 마무리해요.

13 뚜껑을 적당한 위치에 놓고 시침핀으로 고정해요.

14 끝박음질해서 고정해요.

15 박음질한 부분에 레이스를 달아요.

16 미리 만들어 놓은 끈을 D자 모양 고리에 통과시켜 반으로 접어 박음질해서 고정해요.
(끈 만드는 법은 110p tip 참고)

17 양옆에 끈을 시침핀으로 고정해요.

18 박음질해서 고정해요.

19 겉감에 안감을 겉면끼리 마주 닿도록 넣고 둘레를 시침핀으로 고정해요.

20 입구를 시접 1cm로 박음질해요.

21 안감의 창구멍으로 뒤집어 잘 정리해요. 창구멍은 공그르기로 마무리해요.

22 입구 둘레는 시접이 들뜨지 않도록 홈질로 마무리해요. 이때 바늘땀은 짧게 해주세요.

23 뚜껑에 똑딱이 단추를 달아요.

24 맞은편에도 똑딱이 단추를 달아요.

25 장식용 코사지를 준비해요.

26 코사지의 뒷면에는 탈부착 장치가 있어요.

27 뚜껑에 코사지를 달고 끈도 이어 완성해요.

이런저런 원단을 구경하다 보면
어떤 건 꼭 옷을 만들면 좋겠다 싶은 게 있어요.
세련된 컬러와 독특한 패턴만으로도
나만의 디자인을 완성할 수 있을 것 같답니다.
그렇다면 한번 도전해보세요.
아기 옷도 좋고 자신의 옷도 좋아요.
직접 만든 옷으로
우리 가족만의 스타일을 연출해보세요.

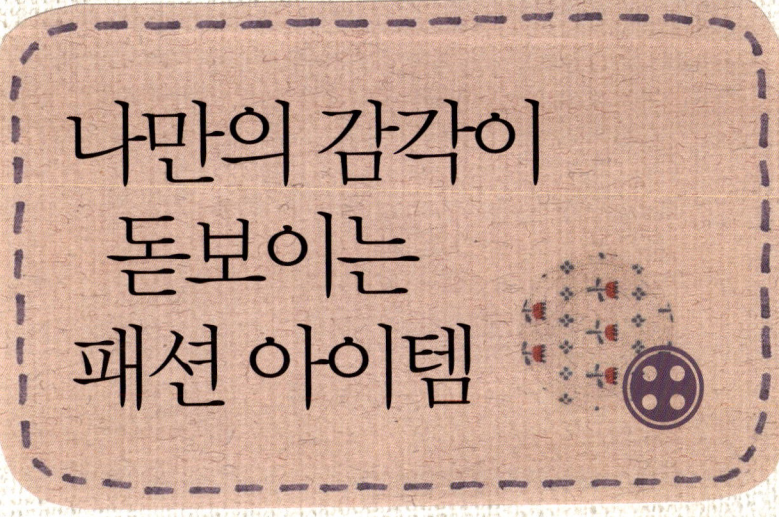

Part 4

나만의 감각이
돋보이는
패션 아이템

핸드메이드 패브릭 소품 DIY

25

Sweet day
베이비 턱받이

아기들도 예쁜 걸 알아요! 그러니 밋밋한 무채색의 턱받이는 이제 그만~. 알록달록 색감 있는 원단으로 귀여운 디자인의 턱받이를 만들어주자고요. 컬러풀한 턱받이는 아기가 좋아하고 두뇌 발달에도 도움이 된답니다. 너무나 사랑스러운 우리 아기를 위해 엄마가 솜씨 한번 발휘해보세요. 이모나 고모가 귀여운 조카를 위해 정성스럽게 만들어 선물해도 좋겠죠.

어떻게 만들까?

재료

앞판 36×37cm 1장, 뒤판 36×37cm 1장, 구름 모양 장식 17×28cm 1장, 똑딱이 단추 1쌍
* 말괄량이 사용 원단 - 옥스퍼드 1/2마

재단

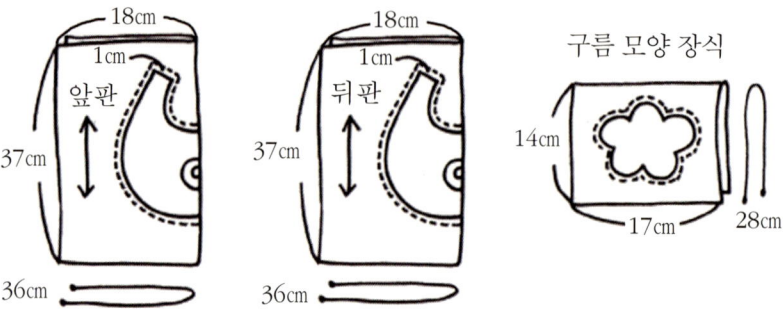

tip 곡선 부분엔 가위집을 내주세요

곡선 부분을 박음질한 후에는 뒤집기 전에 시접에 가위집을 골고루 내주세요. 그래야 뒤집 었을 때 곡선이 예뻐요. 이때 시접에 너무 가깝게 가위집을 내지 않도록 주의하세요. 너무 가깝게 가위집을 내면 원단이 뜯어질 우려가 있어요.

만들기

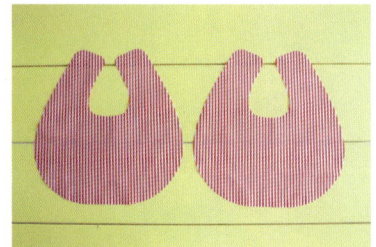

01 원단에 도안을 대고 그려 재단해 앞판과 뒤판을 준비해요.

02 장식 원단은 겉면끼리 닿도록 반으로 접은 다음 구름 모양을 그려요.

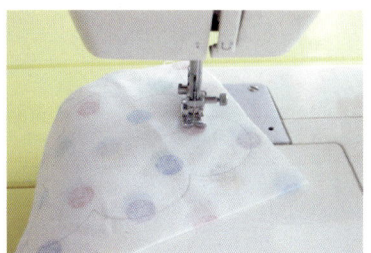

03 구름 모양을 따라 둘레를 박음질해요.

04 시접은 0.3cm 정도만 남기고 잘라내요. 곡선의 홈 부분에는 가위집을 내요.

05 한쪽 면에 가위집을 내 창구멍을 만들어요.

06 창구멍으로 뒤집어 다림질해요.

07 창구멍은 감침질해요.

08 앞판에 구름 모양을 놓고 시침핀으로 고정해요.

09 끝박음질로 구름 모양을 붙여요.

10 단추를 달아 눈을 표현해요.

11 입을 그려 백 스티치로 표현해요.

12 앞판의 모습이에요.

13 구름의 테두리를 따라 검정색 실로 홈질해요.

14 한쪽에 작은 구름을 그리고 홈질해서 표현해요.

15 앞판과 뒤판을 겉면끼리 맞대요.

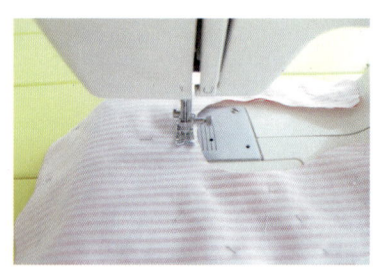
16 창구멍을 제외하고 둘레를 시접 1cm로 박음질해요.

17 곡선 부분에 가위집을 내요.

18 창구멍으로 뒤집어 다림질해요.

 19 창구멍은 공그르기로 마무리 해요.

 20 테두리를 노루발 간격으로 한 번 눌러 박음질해요.

 21 똑딱이 단추를 달아요.

 22 완성된 모습이에요.

26

사랑스러운 베이비 점프수트

아기들이 입으면 너무너무 귀여운 옷은 단연 점프수트예요. 위아래가 이어져 있는 디자인 자체가 앙증맞거든요. 색감도 핏도 너무 예쁜 점프수트를 만들어보세요. 네크라인에 프릴을 살짝 둘러 사랑스러운 매력을 살리고, 어깨끈을 달아 뒤로 묶을 수 있게 해 깜찍한 느낌을 강조하는 거예요. 엄마의 정성으로 우리 아기를 멋진 패셔니스타로 만들어보자고요.

어떻게 만들까?

재료

몸판 앞판 a 87×56cm 1장, 몸판 앞판 b 87×17cm 1장, 몸판 뒤판 a 87×56cm 1장, 몸판 뒤판 b 87×17cm 1장, 프릴감 90×6cm 1줄, 바이어스 140cm 1줄
* 말괄량이 사용 원단 - 면 2마

재단

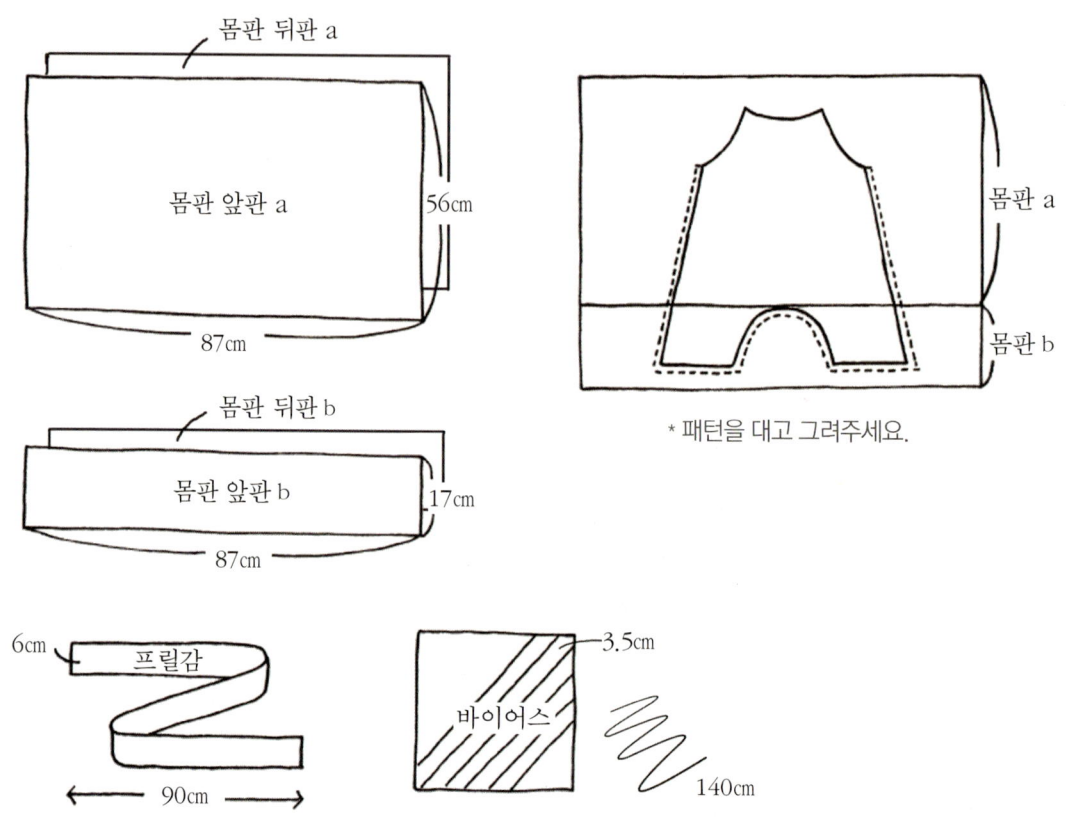

만들기

01 몸판 a와 b는 겉면끼리 맞대고 시접 1cm로 박음질해요.

02 시접을 오버로크 처리하고 꺾어서 끝박음질로 한 번 눌러 박음질해요.

03 패턴을 대고 재단해 앞판과 뒤판을 만들어요.

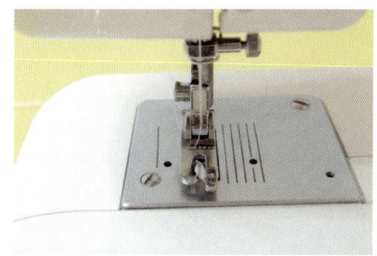
04 말아박기 노루발로 교체해요.

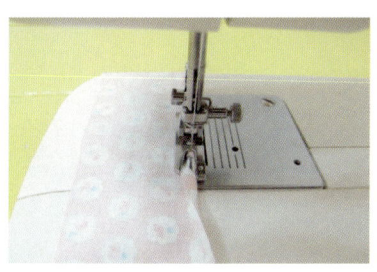
05 프릴감의 한 면을 말아박기 해요.

06 주름 노루발로 교체한 다음 박음질해서 프릴을 만들어요.

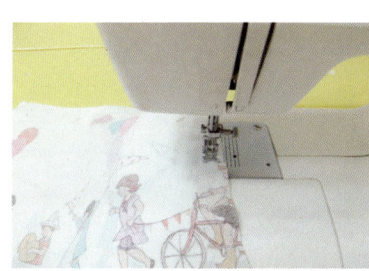
07 앞판과 뒤판을 겉면끼리 맞대고 옆선과 밑위를 박음질해요.

08 앞판과 뒤판 윗부분에 주름을 살짝 잡아 박음질로 고정해요.

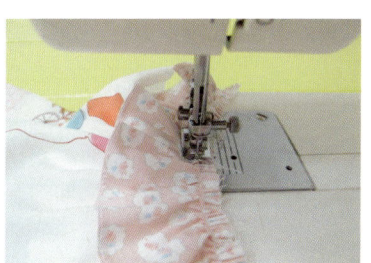
09 앞판에 프릴을 맞춰 놓고 박음질해서 달아요.

10 밑단을 접어서 박음실해요.

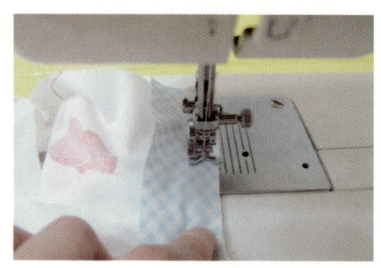

11 프릴이 달린 앞판의 안면과 바이어스의 겉면을 맞대고 노루발 간격으로 박음질해요.

12 바이어스를 앞쪽으로 접어서 감싸요. 뒤판의 윗부분도 같은 방법으로 바이어스 처리해요.

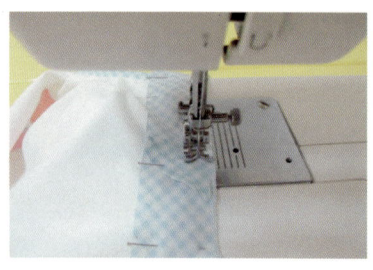

13 바이어스를 암홀 라인의 중심에 맞대서 시침핀으로 고정하고 박음질해요. (암홀 라인이 시작되는 지점부터 암홀 라인이 끝나는 지점까지)

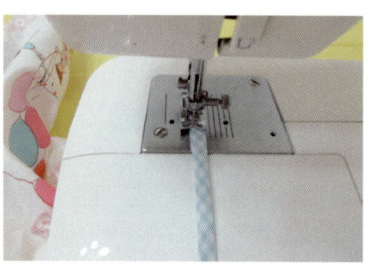

14 어깨끈 부분부터 바이어스를 감싸 전체적으로 바이어스 처리를 해요. 암홀 라인을 제외한 나머지 부분이 어깨끈이 돼요.

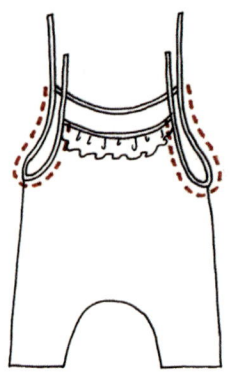

암홀 라인의 시작과 끝

*그림 참고

핸드메이드 패브릭 소품 DIY

27

프린세스 베이비 파티 모자

사랑스러운 아기와 함께하는 특별한 파티, 아기를 더욱 돋보이게 하는 왕관을 만들어 씌워주면 어떨까요. 반짝반짝 구슬 장식과 보송보송한 폼폼이가 달린 프린세스 왕관을 완성하는 거예요. 두둥~, 프린세스 왕관을 쓰면 아기가 멋진 공주님으로 변신한답니다.

어떻게 만들까?

재료

겉감 54×18cm 1장, 안감 54×18cm 1장, 누빔지 54×18cm 1장, 털 방울 3개, 작은 색깔 구슬 여러 개
* 말괄량이 사용 원단 - 면 1/2마

재단

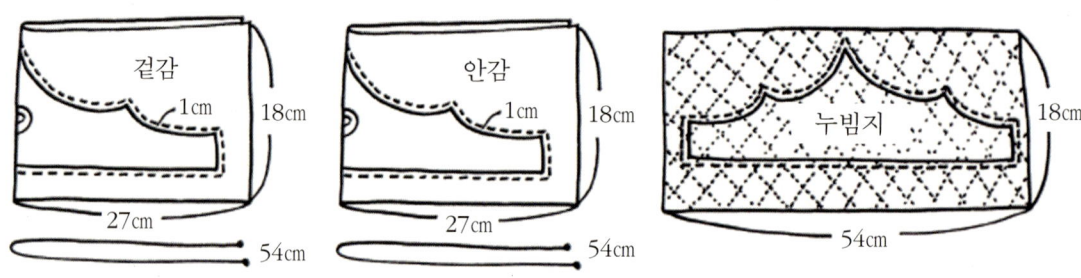

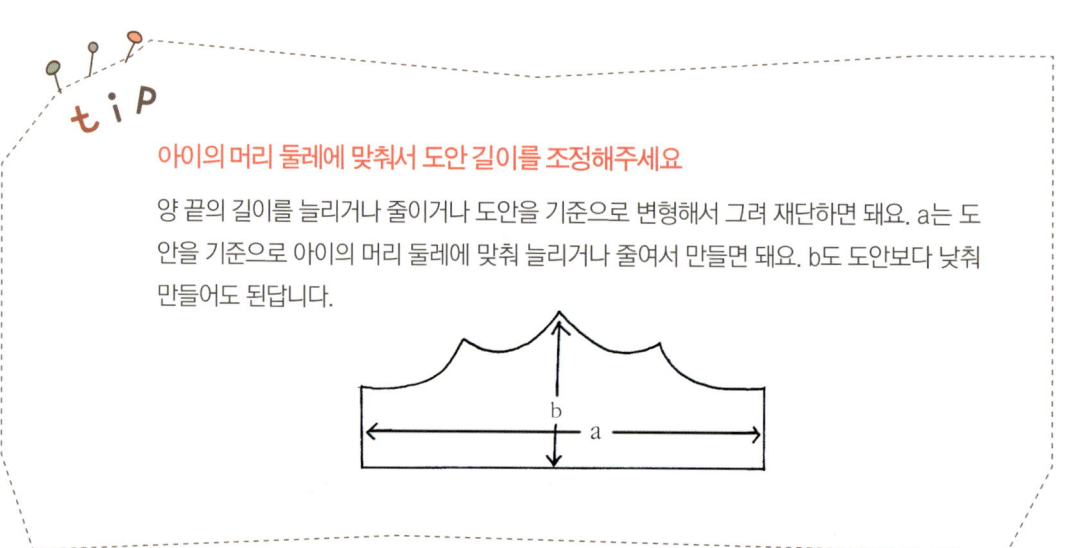

아이의 머리 둘레에 맞춰서 도안 길이를 조정해주세요

양 끝의 길이를 늘리거나 줄이거나 도안을 기준으로 변형해서 그려 재단하면 돼요. a는 도안을 기준으로 아이의 머리 둘레에 맞춰 늘리거나 줄여서 만들면 돼요. b도 도안보다 낮춰 만들어도 된답니다.

만들기

01 겉감과 누빔지에 도안을 대고 그려 재단해요.

02 겉감과 누빔지를 안면끼리 맞대고 전체 둘레를 지그재그로 박음질해요.

03 앞쪽 중앙에 'Princess'라고 쓰고 빨간색 구슬을 이어 달아 글자를 표현해요.

04 겉면끼리 마주 닿도록 반으로 접은 다음 시접 1cm로 박음질해요.

05 안감에 도안을 대고 그려 재단한 다음 5와 같은 방법으로 박음질해요.

06 겉감에 안감을 겉면끼리 마주 닿도록 넣고 윗부분을 시침핀으로 고정해요.

07 밑면을 제외하고 시접 1cm로 박음질해요.

08 밑으로 뒤집어 시접을 정리하고 다림질해요. 시침핀으로 고정하고 공그르기로 마무리해요.

09 털 방울을 준비해요.

10 뾰족한 부분에 손바느질로 털 방울을 달아요.

11 완성된 모습이에요.

Part 4 나만의 감각이 돋보이는 패션 아이템

NATURAL LIVING,
SLOW LIFE

핸드메이드 패브릭 소품 DIY

28

쁘띠 플라워
넥카라

텔레비전을 보면 연예인들이 멋스러운 넥카라를 하고 나오는 모습을 종종 볼 수 있죠. 때론 럭셔리한 느낌으로, 때론 귀여운 느낌으로 디자인에 따라 다양하게 활용하더라고요. 우리는 알록달록 원단으로 아기자기한 스타일의 넥카라를 만들어보아요. 상큼한 플라워가 꽉 차게 그려진 원단으로 넥카라를 만들고 심플한 끈을 달아주는 거예요. 심플한 옷에 넥카라를 둘러주면 산뜻한 포인트가 되어준답니다.

어떻게 만들까?

재료

원단 50×50cm 1장, 검정색 바이어스 37cm 2줄, 지름 1cm짜리 진주알(반원) 2개, 수예용 본드
* 말괄량이 사용 원단 – 면 1/4마

재단

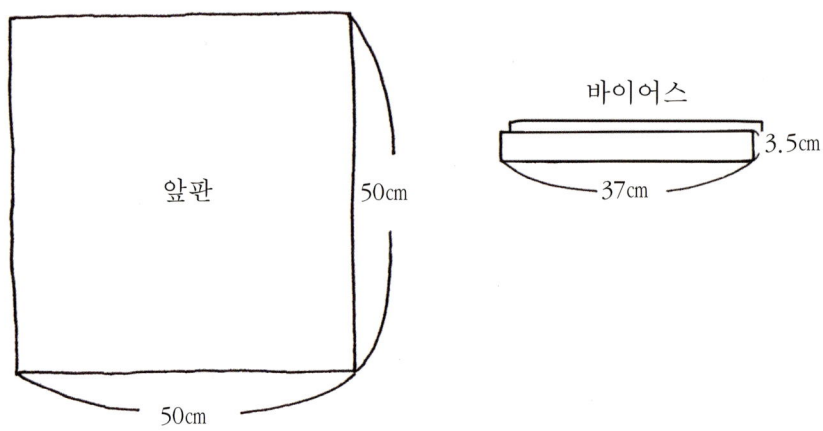

만들기

01 원단을 바이어스 방향으로 놓고 도안을 대고 그려요.

02 시접 1cm를 주고 재단해 앞판과 뒤판 2장을 준비해요.

03 바이어스를 준비해요.

04 바이어스를 접어서 박음질해 끈을 만들어요.
(끈 만드는 법은 110p tip 참고)

05 앞판의 겉면과 뒤판의 겉면 사이에 끈을 넣어요.

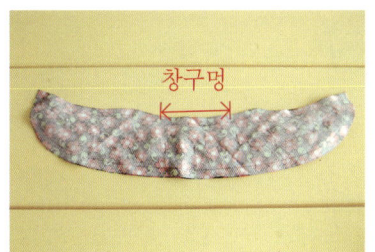

06 둘레에 시침핀을 꼼꼼히 꽂아요.

07 창구멍을 표시한 다음 창구멍을 제외하고 둘레를 완성선을 따라 박음질해요.

08 창구멍을 제외하고 시접을 반 정도 잘라내요.

09 창구멍으로 뒤집어서 시접을 잘 정리해요.

10 창구멍은 공그르기로 마무리 해요.

11 마무리된 모습이에요.

12 진주알을 준비해요.

13 리본 끈 끝에 진주알을 수예용 본드로 붙여 완성해요.

29

나만의 감각을 더하는 팬츠

유난히 몸을 편하게 해주는 팬츠는 집에 있을 때나 가까운 곳에 잠깐 외출할 때 아주 유용하죠. 그런 팬츠는 시시때때로 찾아 입게 되는 완전 소중한 나만의 애장품이 되곤 해요. 그다지 만들기 어렵지 않으니 내 몸에 가장 편한 팬츠 하나 만들어보면 어떨까요. 허리에 고무줄을 넣어 아주 편안하게 만드는 거예요. 만드는 방법만 익혀놓으면 어른 것은 물론 아이들 것도 얼마든지 만들 수 있어요. 길이도 조절할 수 있으니 각양각색 원단으로 다양하게 만들어보세요.

어떻게 만들까?

재료

110폭 원단 2마, 폭 3cm짜리 고무줄 65cm 1줄
* 말괄량이 사용 원단 – 옥스퍼드 2마

재단

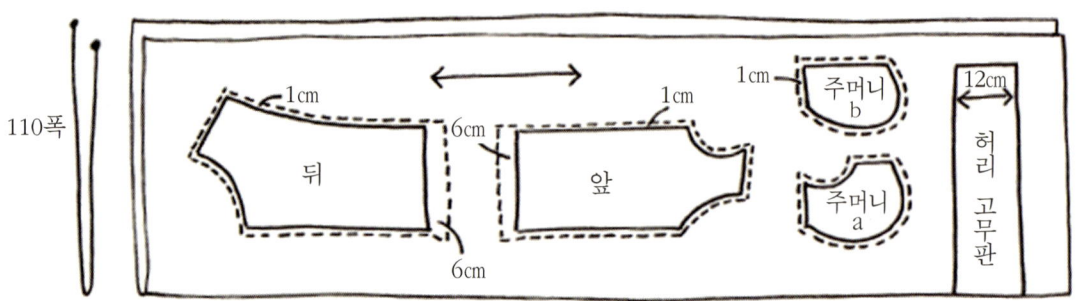

* 110폭 원단을 식서 방향으로 반으로 접은 다음 패턴을 놓고 재단하세요.

카브라 폭 계산법

카브라 종류	전체 시접	꺾는 선	박는 선
완전	△+△+2cm	△+2cm	0.5cm
반	△+△/2 +1cm	△+1cm(다림질 ×)	1cm
약식	△+1cm	△	0.5cm(오버로크 ×)

△ = 카브라 폭

남자 바지의 경우 카브라 폭은 3~3.5cm 정도가 적당하고, 여자 바지의 경우 다양하지만 보통 3cm 정도가 적당해요.

만들기

01 앞판과 주머니감 a를 준비해요.

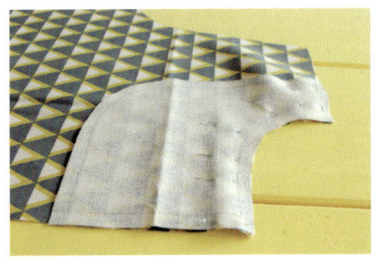
02 앞판과 주머니감을 홈 부분이 맞도록 겉면끼리 맞대고 시침핀으로 고정해요.

03 시접 1cm로 박음질해요.

04 가위집을 내요.

05 주머니감을 안쪽으로 꺾어서 다림질해요.

06 겉면의 홈 부분을 시접 1cm로 박음질해요.

07 박음질된 모습이에요.

08 7과 주머니감 b를 겉면끼리 맞대요.

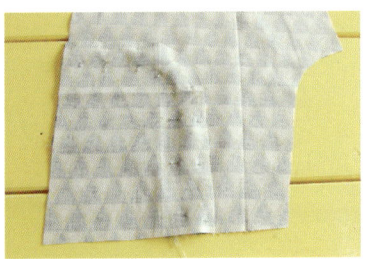
09 박음질할 부분을 시침핀으로 고정해요.

10 시접 1cm로 박음질해요.

11 박음질한 곳의 시접을 오버로크 처리해요.

12 앞판과 뒤판을 겉면끼리 맞대고 양쪽 옆선을 맞춰 시침핀으로 고정해요.

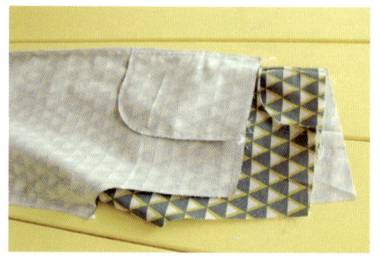

13 시접 1.5cm로 박음질한 다음 시접은 오버로크 처리해요. 1~12를 반복해서 하나 더 만들어요.

14 두 짝 중 한 짝만 뒤집어놓아요.

15 겉면끼리 마주 닿도록 한쪽에 다른 한쪽을 넣어요.

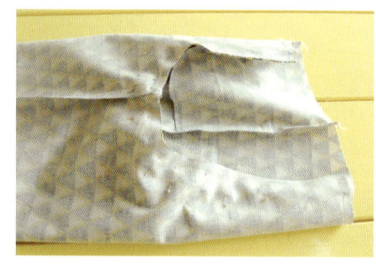

16 밑위선을 서로 맞춰 시침핀으로 고정해요.

17 밑위선을 박음질한 다음 시접은 오버로크 처리해요. 밑단도 오버로크 처리해요.

18 뒤집은 모습이에요.

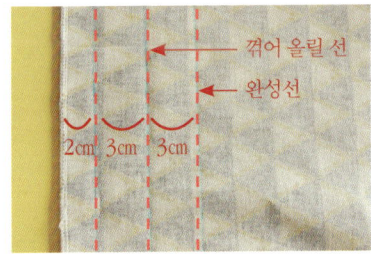

19 카브라를 만들기 위해 다시 뒤집어서 밑단에 시접선을 표시해요. 사진의 왼쪽에서 두 번째 선은 꺾어 올릴 선, 세 번째 선은 완성선이에요.

20 두 번째 선을 접어서 다림질해요.

21 둘레를 시접 0.5cm로 박음질해요.

22 박음질된 모습이에요.

23 밑단을 기준으로 위로 2cm를 밑단 둘레에 표시하고 뒤집어요.

24 겉면에서 표시해준 2cm만큼 접어서 꺾어 올려 다림질해요.

25 카브라 단이 완성된 모습이에요.

26 카브라 단 양옆의 선을 1cm 정도 박음질해서 카브라 단을 고정해요.

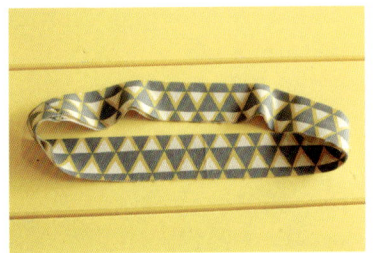

27 허릿단은 양쪽 끝을 겉면끼리 맞대고 시접 1cm로 박음질해요. 허릿단 폭을 반으로 접어 다림질해요.

28 바지와 허릿단을 서로 맞춰 시침핀으로 고정해요.

29 시접 1cm로 박음질해요. 윗부분에 창구멍 4cm를 남겨두세요.

30 창구멍을 제외하고 시접을 오버로크 처리해요.

31 창구멍으로 고무줄을 넣어요.

32 고무줄을 끝까지 빼서 양 끝을 서로 겹쳐 맞춰요. 고무줄이 꼬이지 않도록 잘 펴서 맞춰주세요.

33 사진과 같이 박음질해요.

34 창구멍을 공그르기로 마무리하고 오버로크 처리해요.

35 허릿단이 완성된 모습이에요.

36 팬츠가 완성된 모습이에요.

말괄량이's Plus Info

내겐 너무 어려운 패턴, 어떻게 그릴까요?

Q 패턴이 없는 경우에는 어떻게 그리죠?

A 패턴이 없는 경우에는 자신이 가지고 있는 옷 중에서 입지 않는 옷을 모두 해체해서 앞판과 뒤판, 소매 등을 준비해요. 그런 다음 패턴용 부직포에 놓고 그대로 따라 그려주세요.

Q 원단을 반으로 접어서 패턴을 그렸을 때 완성선이 모두 표시되게 하는 방법은요?

A 작품을 만들다 보면 같은 사이즈의 원단을 여러 장 겹쳐서 똑같이 재단하고 모두 시접을 표시해야 하는 경우가 있어요. 그런 경우에는 첫 번째 원단에 표시한 시접에 띄엄띄엄 시침핀을 꽂은 다음, 아래쪽으로 나온 시침핀을 따라 각각의 원단에 초크로 표시하면 돼요. 그러면 일일이 자로 재서 표시하지 않아도 원단마다 시접을 쉽게 그릴 수 있답니다. 패턴이 반만 있는 경우에도 마찬가지예요.

Q 원단에 패턴을 잘 옮겨 그리는 방법은요?

A 패턴이나 도안을 잘라서 원단에 대고 그리다 보면 패턴이나 도안이 밀려서 정확하게 그려지지 않을 때가 있지요. 그럴 때는 문진(Sewing weight)을 사용하면 좋아요. 문진은 쉽게 말해 묵직한 쇳덩어리인데요, 원단 위에 패턴지나 도안을 올리고 그 위에 문진을 올려놓은 다음, 수성펜으로 따라 그리면 패턴이나 도안이 움직이지 않아 정확하게 그릴 수 있어요. 또 중요한 것은 시접을 정확하게 그려주는 거예요. 눈대중으로 대충 그려 재단하면 아무래도 뭔가 잘 맞지 않고 완성도도 떨어지게 마련이죠.

핸드메이드 패브릭 소품 DIY

30

러블리 플라워 캐미솔 탑

여성스러움이 물씬 풍기는 플라워 캐미솔 탑이에요. 큼직한 플라워 패턴 원단을 활용해 사랑스러운 느낌을 더해주었어요. 이너웨어를 어떻게 매치 하느냐에 따라 다양한 스타일로 연출할 수 있어요. 만드는 방법을 잘 익혀 아랫부분의 기장만 늘리면 원피스가 되기도 한답니다.

어떻게 만들까?

재료

150폭 원단 1½마
* 말괄량이 사용 원단 – 오가닉 1½마

재단

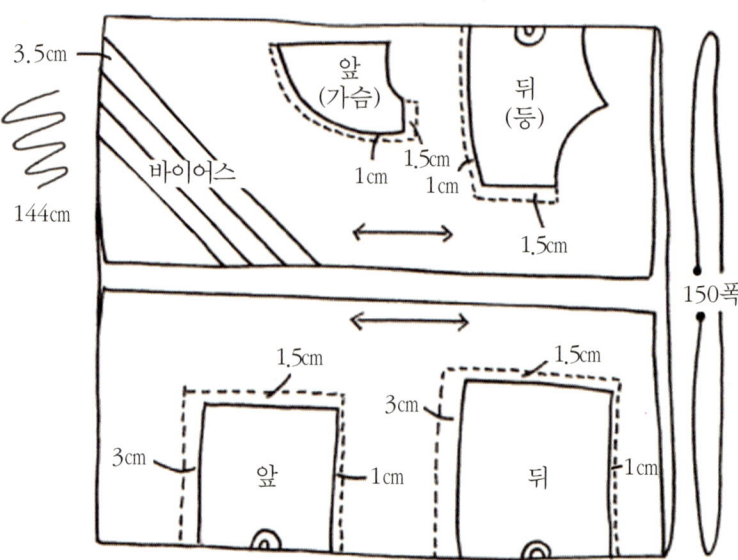

* 원단에 앞가슴판 2장, 등판 1장, 앞몸판 1장, 뒤몸판 1장을 재단해서 준비합니다. 바이어스 원단은 같은 원단을 사용해도 되고 디자인에 따라 다른 원단을 사용해도 돼요.

tip
바이어스 처리할때 박음질 후에는 꼭 다림질해서 원단올 펴주세요

시접을 바이어스 처리할 때는 한쪽 바이어스 시접을 박음질한 후 앞면에서 감싸 다림질한 다음 박음질하세요. 이렇게 하면 바이어스가 울지 않아 깔끔하게 바이어스 처리를 할 수 있어요. 완성 후에도 다림질해주세요.

만들기

01 앞가슴판 2장을 준비해요.

02 앞가슴판 경사면의 안면과 바이어스 겉면을 맞대고 노루발 간격으로 박음질해요.

03 앞쪽에서 바이어스를 접어 박음질해요.

04 앞가슴판이 바이어스 처리된 모습이에요.

05 등판 부분의 안면과 바이어스의 겉면을 맞대고 노루발 간격으로 박음질해요.

06 앞쪽에서 바이어스를 접어 박음질해요.

07 등판이 바이어스 처리된 모습이에요.

08 주름 노루발로 교체한 다음 앞가슴판 아랫부분에 주름을 잡아요. 주름은 패턴에 표시된 곳까지 잡아주세요.

09 앞가슴판 아랫부분에 주름이 잡힌 모습이에요. 가슴 부분에 볼륨감을 살려주기 위해 주름을 잡아주는 거예요.

10 앞가슴판을 한쪽 끝이 다른 한쪽의 주름이 끝나는 부분에 닿도록 겹친 다음 시침핀으로 고정해요.

11 겹친 부분을 박음질해요.

12 서로 연결된 모습이에요.

13 앞가슴판과 등판을 겉면끼리 맞대고 시침핀으로 고정해요.

14 옆선을 박음질하고 시접은 오버로크 처리해요.

15 앞가슴판과 등판이 연결된 모습이에요.

16 바이어스는 2cm 정도 접어서 진동선의 안면과 바이어스의 겉면을 맞대고 노루발 간격으로 박음질해요.

17 앞쪽에서 바이어스를 접어 박음질해요.

18 진동선부터 어깨선까지 바이어스 처리된 모습이에요.

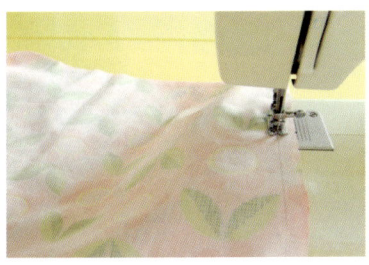

19 몸판 앞판과 뒤판을 겉면끼리 맞대고 옆선을 박음질한 다음, 시접은 오버로크 처리해요.

20 밑단을 오버로크 처리한 다음 접어서 박음질해요.

21 앞뒤에 주름을 잡아요. 주름은 패턴에 표시된 곳까지 잡아주세요.

22 주름이 잡힌 모습이에요.

23 가슴판과 몸판을 겉면끼리 맞대고 박음질한 다음, 시접은 오버로크 처리해요.

24 완성된 모습이에요.

31

블랙 시크
허리끈 원피스

원피스를 만들다니 너무 어려울 것 같다고요? 걱정하지 마세요. 차근차근 따라 하면 얼마든지 나만의 원피스를 만들 수 있답니다. 첫 작품은 품이 넉넉하게 디자인되어 착용감이 편안한 원피스 어떠세요? 루즈한 핏으로 멋스럽게 연출하거나 허리끈을 묶어 몸매 라인을 살려주면서 입을 수 있답니다.

어떻게 만들까?

재료

110폭 원단 2마
* 말괄량이 사용 원단 - 면 2마

재단

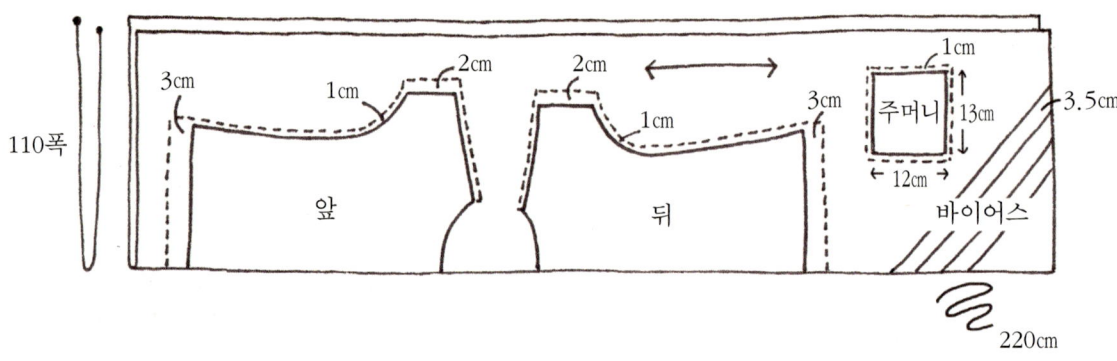

만들기

01 주머니감은 전체 둘레를 오버로크 처리해요.

02 입구가 될 한쪽 면에 레이스를 놓고 박음질해요.

03 양옆은 1cm씩 접어 박음질해요.

04 밑부분도 접어 박음질해요.

05 주머니가 완성된 모습이에요.

06 앞판에 주머니를 적당한 위치에 놓고 박음질해 달아요.

07 앞판과 뒤판을 겉면끼리 맞대고 어깨선을 시접 1cm로 박음질해요.

08 암홀부터 시작해 옆선을 연결하고 시접 1cm로 박음질해요.

09 앞판과 뒤판이 연결된 모습이에요.

10 밑단을 두 번 접어 박음질해요.

11 소매단도 두 번 접어 박음질해요.

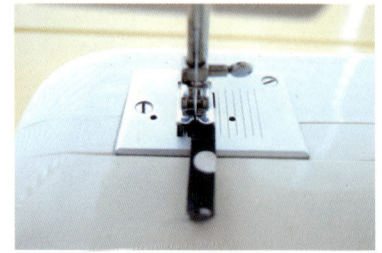
12 허리끈을 넣을 고리를 만들어요. (끈 만드는 법은 110p tip 참고)

13 허리 쪽 양옆에 고리를 박음질해서 붙여요.

14 몸판의 안면과 바이어스의 겉면을 맞대고 목둘레를 박음질해요. 시작 부분을 2cm 정도 접어 박음질을 시작하세요.

15 앞쪽에서 접어 박음질해 바이어스를 마무리해요.

16 목둘레가 바이어스 처리된 모습이에요.

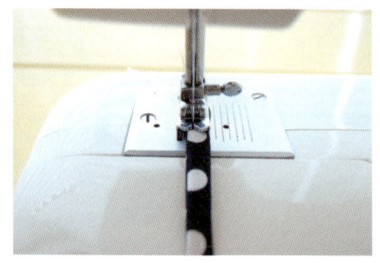
17 허리끈을 만들어 완성해요. (끈 만드는 법은 110p tip 참고)

핸드메이드 패브릭 소품 DIY

32

언밸런스 민소매 롱 티셔츠

다이아몬드 패턴이 단순하게 반복되는 원단을 활용해 민소매 롱 티셔츠를 만들어보았어요. 모던하면서 언밸런스한 라인이 세련되어 보이는 디자인이에요. 팬츠나 스커트에 두루두루 잘 어울려요. 팬츠나 스커트는 훨씬 더 심플한 디자인을 선택해주세요.

어떻게 만들까?

재료

110폭 원단 2마

* 말괄량이 사용 원단 - 면 2마

재단

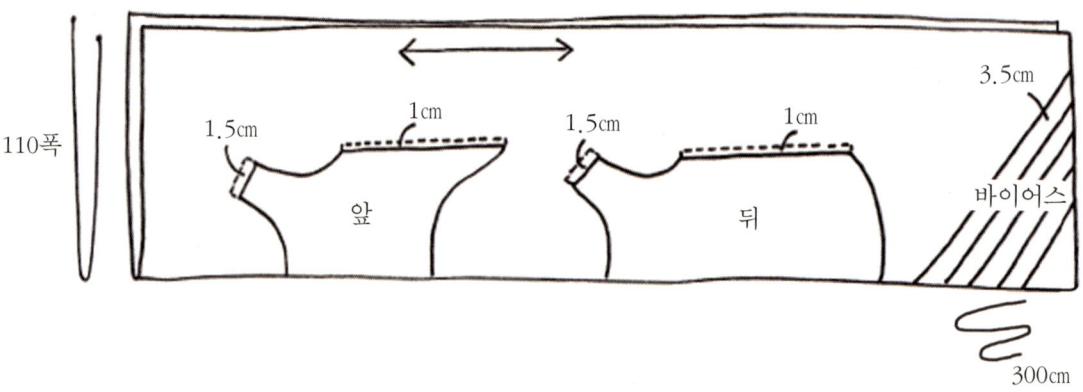

만들기

01 원단에 패턴을 대고 그려 재단해 앞판을 준비해요.

02 뒤판도 준비해요.

03 앞판과 뒤판을 겉면끼리 맞대고 어깨선을 박음질해요.

04 옆선을 박음질해요. 암홀 라인도 같은 방법으로 바이어스 처리해요.

05 앞판과 뒤판이 연결된 모습이에요. 안쪽 시접은 모두 오버로크 처리해요.

06 몸판의 목둘레 부분 안면과 바이어스의 겉면을 맞대고 바이어스를 3cm 정도 접어 노루발 간격으로 박음질해요.

07 목둘레를 바이어스 처리해요. 암홀 라인도 같은 방법으로 바이어스 처리해요.

08 밑단을 바이어스 처리해 완성해요.

가지고 있는 물건이나 옷 중에
버리자니 아깝고 그냥 쓰자니 마음에 들지 않아
은근히 신경이 쓰이는 것이 있기 마련이죠.
이럴 때는 색다른 패턴의 원단을 활용하거나
자신만의 아이디어를 더해 리폼을 해보세요.
기성품에 새로운 생명력을 불어넣는 리폼도
흥미진진한 작업이랍니다.

Part 5

아주 쉽고 색다른 리폼 아이디어

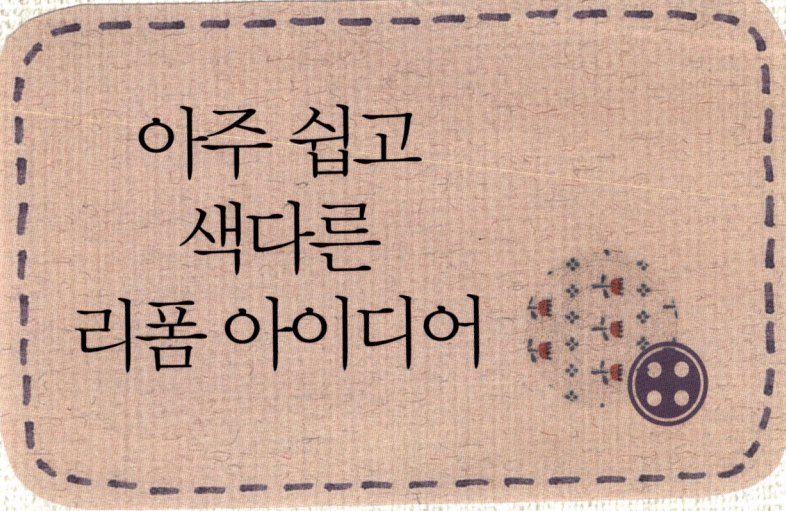

핸드메이드 패브릭 소품 DIY

33

블라썸 옷걸이

흔하디 흔한 세탁소 옷걸이 하나 없는 집은 없을 거예요. 버리기엔 아깝고 그냥 두자니 볼품없고…. 그렇다면 예쁘면서도 실용적인 옷걸이로 바꿔보면 어떨까요? 활짝 핀 플라워 프린트가 그려진 원단을 씌운 다음 솜을 빵빵하게 채워 넣는 거예요. 다채로운 패턴과 색감의 원단으로 여러 개 만들어 걸어놓으면 옷장이 한층 빛날 거예요. 밋밋한 벽에 걸어두어도 감각적인 포인트가 된답니다.

어떻게 만들까?

재료

원단 45×45cm 1장, 세탁소 옷걸이 1개, 리본 끈, 글루건, 방울솜, 겸자
* 말괄량이 사용 원단 – 면 1/4마

재단

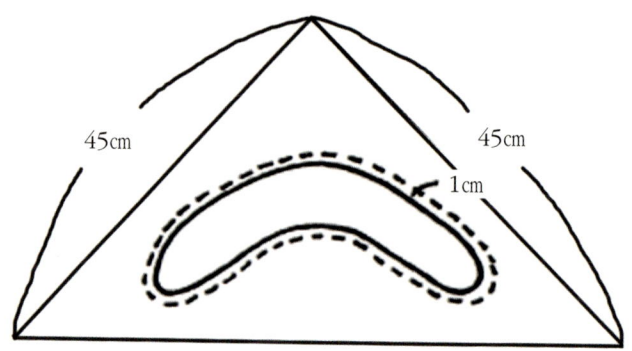

tip 솜은 골고루 채워주세요

솜을 넣을 때는 옷걸이를 기준으로 앞, 뒤, 옆 골고루 잘 넣어주어야 해요. 한쪽으로만 솜이 몰릴 경우 다른 한쪽은 옷걸이 모양이 튀어나와 예쁘지 않아요.

만들기

01 사진과 같이 옷걸이를 구부려요.

02 원단을 사선으로 접은 다음 도안을 대고 그려요.

03 시접 1cm를 주고 잘라요.

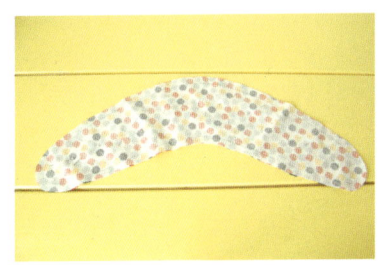

04 창구멍을 표시하고 시침핀으로 고정해요.

05 창구멍을 제외하고 둘레를 박음질해요.

06 창구멍을 제외하고 시접을 반 정도 잘라내요.

07 시접을 잘라낸 모습이에요.

08 옷걸이 손잡이에 리본을 글루건으로 붙여가면서 감싸요.

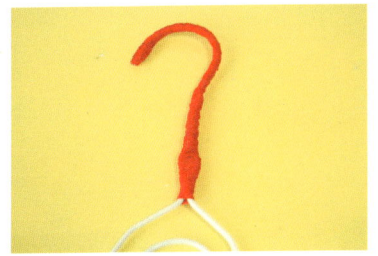

09 리본으로 손잡이를 감싼 모습이에요.

10 옷걸이를 사진과 같이 구부려요.

11 창구멍으로 옷걸이를 넣어요.

12 옷걸이가 들어간 모습이에요.

13 겸자와 방울솜을 준비해요.

14 창구멍으로 솜을 넣어요.

15 굴곡이 생기지 않도록 솜을 골고루 빵빵하게 넣어요.

16 창구멍을 감침질로 마무리해요. 리본이나 기타 장식을 붙여주면 더 예뻐요.

Part 5 아주 쉽고 색다른 리폼 아이디어 247

핸드메이드 패브릭 소품 DIY

34

알록달록
카메라 스트랩

카메라를 구입할 때 딸려 온 검정색 스트랩이 마음에 들지 않아 가죽 스트랩을 구입했는데, 쓰다 보니 싫증이 나서 리폼해보았어요. 어떤 스트랩이건 오래 쓰다 보면 낡고 싫증이 나기 마련인데, 시중에 파는 건 딱히 마음에 드는 게 없잖아요. 이럴 땐 나만의 디자인으로 색다른 카메라 스트랩을 만들어보는 것도 좋아요. 저는 좀 더 쉽고 개성 있게 만들 방법을 생각하다 커버링을 해주기로 했답니다. 누구나 쉽게 리폼할 수 있으니 한번 도전해보세요.

Part 5 아주 쉽고 색다른 리폼 아이디어

어떻게 만들까?

재료

원단 2종류, 장식 레이스 약간
* 말괄량이 사용 원단 - 옥스퍼드 1/2마

재단

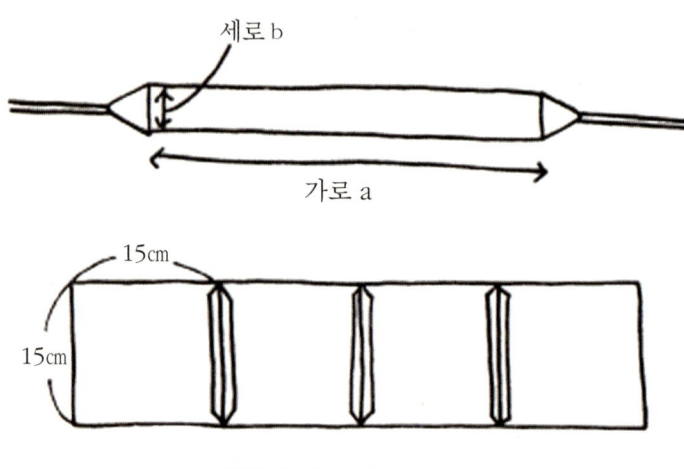

* 연결 후 가름솔로 다림질해요.

tip 패치워크 원단은 패키지 원단을 이용하면 편리해요

두 가지 이상의 원단을 패치워크할 때는 원단 사이트에서 패키지로 묶어서 파는 원단을 구입하면 편리해요. 바느질 초보자들은 어떤 원단을 어떻게 매치해야 할지 난감해하는데요. 패키지 묶음 원단은 색상별, 패턴별로 어울리는 것들을 모아놓은 것이라서 사용하기 좋아요.

만들기

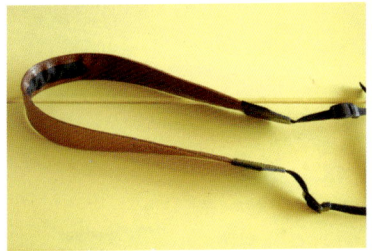

01 카메라 스트랩을 준비해요.

02 패치워크할 원단을 배열해요.

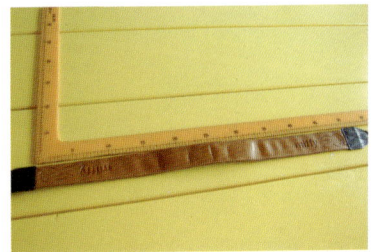

03 스트랩의 가로세로 길이를 재고 그림과 같이 전체 사이즈를 계산해요.

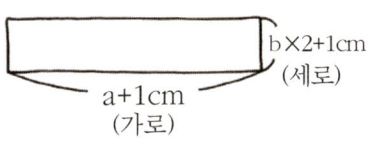

b×2+1cm (세로)
a+1cm (가로)

* 그림 참고

04 패치워크 원단을 겉면끼리 맞대고 시접 1cm로 박음질해요. 이렇게 모두 연결해요.

05 3의 사이즈대로 재단해요.

06 반으로 접어 시접 1cm로 박음질해요.

07 뒤집어 다림질해서 잘 정리해요.

08 여기에 카메라 스트랩을 집어넣어요.

09 양 끝의 시접을 안으로 잘 정리해요.

10 양 끝을 끝박음질해서 고정해요.

11 레이스를 둘러 포인트를 주세요.

12 완성된 모습이에요.

13 카메라에 연결된 모습이에요.

Part 5 아주 쉽고 색다른 리폼 아이디어

핸드메이드 패브릭 소품 DIY

35

개성 만점 폴딩 체어

반제품으로 나온 폴딩 체어를 패턴 원단으로 감싸 나만의 개성이 담긴 의자를 만들어주었어요. 테라스에 나무 테이블과 놓아도 잘 어울리고, 심플한 공간에 하나만 놓아도 감각적인 분위기를 연출한답니다. 앉는 부분의 원단만 바꿔도 전혀 다른 디자인으로 완성할 수 있으니 마음에 드는 원단으로 작업해보세요.

어떻게 만들까?

재료

110폭 원단 1/2마, 폴딩 체어 반제품
* 말괄량이 사용 원단 - 캔버스 1/2마

재단

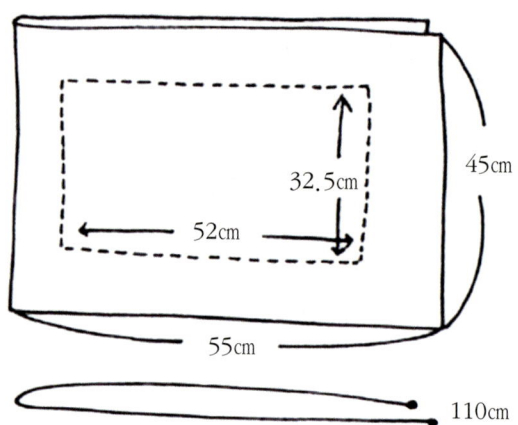

tip

폴딩 체어 반제품 구입처

폴딩 체어 반제품은 DIY 쇼핑몰 바이올에서 구입했어요. 반제품이라 조립을 해야 하는데 홈페이지에 자세하게 방법이 설명되어 있어요.
www.buyall.co

만들기

01 폴딩 체어 반제품을 준비해요. 02 양쪽에 긴 다리를 조립해요. 03 양쪽에 짧은 다리를 조립해요.

04 긴 쪽 안에 짧은 쪽을 겹치고 그 사이에 목봉을 끼워요. 05 맞은편에 중간 목봉을 끼워요. 06 천이 들어갈 부분을 남겨두고 다리 한 쪽씩 모두 조립해요.

07 원단을 52×32.5cm로 2장 재단해서 겉면끼리 맞대요. 08 창구멍을 제외하고 시접 1cm로 전체 둘레를 박음질해요. 09 창구멍으로 뒤집어 정리해 다림질한 다음, 전체 둘레를 끝박음질해요.

10 테두리를 1cm 간격으로 겉에서 한 번 눌러 박음질해요.

11 목봉에 끼울 공간을 6cm 정도 접어 박음질해요.

12 목봉에 천을 끼운 다음 나머지를 조립해요.

13 완성된 모습이에요.

Part 5 아주 쉽고 색다른 리폼 아이디어 259

36

펠트로 꾸민 액자 메모 보드

낡고 오래된 액자는 인테리어와 어울리지도 않고 어색한 느낌이 들곤 해요. 어쩔 수 없이 버리게 마련인데, 조금만 아이디어를 보태면 색다른 쓰임새를 찾을 수 있어요. 바로 벽걸이 메모 보드로 변신시키는 거죠. 깨끗한 벽에 걸어두면 실용적이면서도 인테리어 포인트가 되는 기특한 아이템이랍니다.

어떻게 만들까?

재료

액자에 붙일 원단 40×30cm 1장, 주머니 원단 12×12cm 1장, 구름 모양 펠트지 17×16cm 1장, 나무 집게용 펠트지 5×5cm 6장, 알파벳용 펠트지 7×7cm 1장, 액자, 젯소, 아크릴 물감, 글루건, 스프레이 접착제, 나무 집게 6개, 각양각색 펠트지·마 끈 약간

* 말괄량이 사용 원단 - 면 1/4마

재단

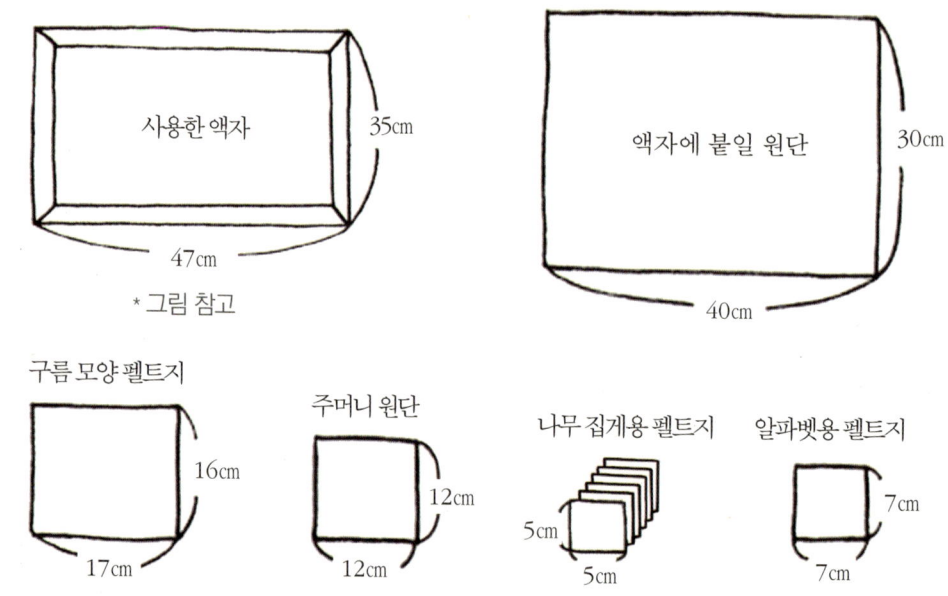

tip

패브릭은 스프레이 접착제로 나무에 붙이세요

패브릭을 나무에 붙일 때는 스프레이 접착제를 이용하세요. 이렇게 하면 깔끔하게 붙고 시간이 지나도 패브릭이 들뜨지 않아요. 스프레이는 뿌릴 때 넓게 도포되므로 바닥에 신문지를 넓게 깔고 작업하세요.

만들기

01 액자를 준비해요. 집에 있는 액자 어떤 것도 좋아요.

02 유리와 뒤판을 빼고, 테두리에 젯소를 발라 완전히 말려요.

03 뒤판에 스프레이 접착제를 뿌려요.

04 그 위에 원단을 잘 펴가면서 붙여요.

05 가장자리는 깔끔하게 잘라 정리해요.

06 테두리를 핑크색 아크릴 물감으로 칠하고 완전히 말려요.

07 각양각색 펠트지를 삼각형 모양으로 6개 잘라 나무 집게에 글루건으로 하나씩 붙여요.

08 펠트지를 붙인 나무 집게예요.

09 파란색 펠트지에 구름과 빗방울을 그려 오리세요.

10 테두리를 흰색 실로 홈질해요.

11 판 위에 구름, 빗방울의 위치를 잡고 글루건으로 붙여요.

12 원단에 주머니 모양을 그려요.

13 창구멍을 제외하고 둘레를 박음질해요.

14 창구멍으로 뒤집어 정리한 다음 레이스를 달고, 둘레를 노루발 간격으로 눌러 박음질해요.

15 갈색 펠트지에 알파벳 A를 그려 오린 다음, 주머니에 글루건으로 붙여요.

16 판에 주머니와 마 끈을 적당한 위치에 놓고 글루건으로 붙여요. 마 끈에 나무 집게를 꽂아요.

37

귀여운 캐릭터 티셔츠

누구나 하나쯤 기본으로 가지고 있는 흰색 민무늬 티셔츠. 하나만 입으면 허전한 느낌이 들어 늘 이너웨어로만 활용하게 된답니다. 아기자기한 캐릭터를 붙여 나만의 특별한 티셔츠로 재탄생시켜보면 어떨까요? 이렇게 하면 청바지에 잘 어울리는 티셔츠가 된답니다. 엄마와 아이가 함께 입을 수 있는 커플 티셔츠를 만들어도 좋아요.

어떻게 만들까?

재료

토끼 얼굴 모양 a 42×13cm 1장, 토끼 귀 모양 b 26×13cm 1장, 왕관 모양 c 20×7cm 1장, 나무 단추 2개, 색깔 구슬 3개
* 말괄량이 사용 원단 – 리넨, 면 각 1/2마

재단

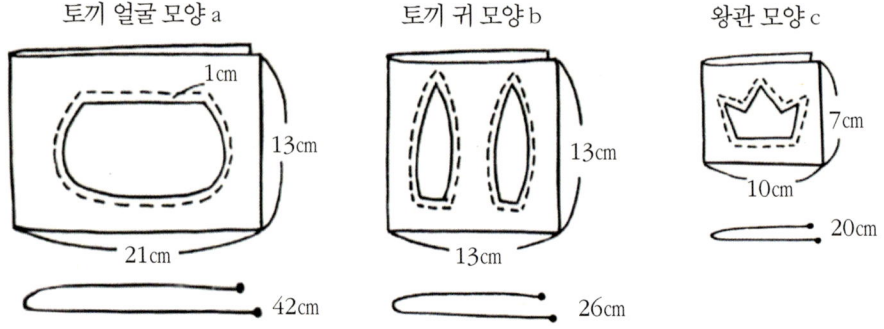

만들기

01 민무늬 티셔츠를 준비해요.

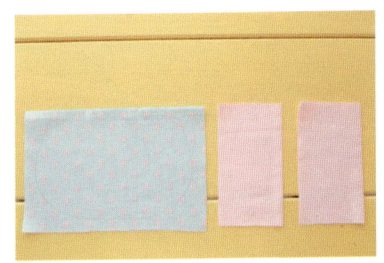

02 토끼 얼굴 모양 a를 반으로 접어 토끼 얼굴 도안을 대고 그리고, 토끼 귀 모양 b에도 토끼 귀 도안을 대고 그려요.

03 각각 창구멍을 제외하고 박음질해요. 창구멍을 제외하고 시접을 0.5cm 남기고 잘라내요.

04 창구멍으로 뒤집어 정리해 다림질하고, 창구멍은 공그르기로 마무리해요.

05 귀의 가장자리를 분홍색 실로 홈질해요.

06 얼굴에 단추를 달아 눈을 표현해요.

07 코 모양을 그리고 새틴 스티치와 백 스티치로 표현해요.

08 토끼 얼굴 모습이에요.

09 눈 밑에 빨간색 실로 스티치를 놓아요.

10 티셔츠 앞판에 토끼 얼굴을 놓고 시침핀으로 고정해요.

11 토끼 얼굴 둘레를 홈질해 티셔츠에 붙여요.

12 티셔츠에 토끼 얼굴을 붙인 모습이에요.

13 왕관 모양 c에 왕관을 그려요.

14 그려준 선을 따라 전체 둘레를 박음질해요.

15 시접을 잘라내고 뒷면에 가위집을 내 뒤집어서 정리해요. 가위집을 낸 부분은 감침질로 마무리해요.

16 토끼 머리 윗부분에 왕관을 놓고 홈질해서 붙여요. 왕관 윗부분에 구슬을 달아요.

17 완성된 모습이에요.

귀여운 캐릭터, 자꾸 그리다 보면 잘 그리게 돼요

캐릭터를 잘 그리는 것은 쉽지 않아요. 수많은 연습이 필요한 일이죠. 그림에 자신이 없거나 서툰 분들은 일러스트 책이나 손그림 드로잉 책을 보고 따라 그리면서 연습을 해보세요. 처음에는 단순하게 그려보는 게 좋아요. 이것저것 많이 그릴 필요 없이 동그라미에 눈만 찍고 입만 그려주면 돼요. 여기서 중요한 것은 눈의 크기와 눈과 눈의 간격이에요. 크기와 간격에 따라 이미지가 전혀 달라 보이거든요.

짱구나 케로로처럼 눈이 동그랗고 커서 귀여운 캐릭터가 있는가 하면 헬로우 키티나 미피처럼 눈을 점처럼 작게 그려놓았는데도 귀여운 캐릭터가 있잖아요. 많이 그려보면 어느새 예쁘고 귀여운 그림을 그릴 수 있게 된답니다. 자꾸 그리다 보면 단순하게 또는 디테일하게 그리는 자신만의 방법이 생기거든요.

38

포인트 톡톡 청 반바지

여름이 되면 자주 입게 되는 청 반바지는 다들 입고 다니다 보니 웬만해서는 개성을 살려주지 못하는 아이템이 되고 말았어요. 나만의 감성이 담긴 청바지로 리폼해 스타일리시하게 입어보면 어떨까요? 청바지에는 어떤 원단이나 무난하게 어울리니 원단 선택 때문에 고심할 필요도 없어요. 자신이 좋아하는 패턴을 고르기만 하면 된답니다. 쉽고 간단한 리폼으로 청 반바지에 개성을 불어넣어보세요.

어떻게 만들까?

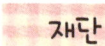 재료

청 반바지, 주머니 배색 원단 약간
* 말괄량이 사용 원단 – 면 1/2마

재단

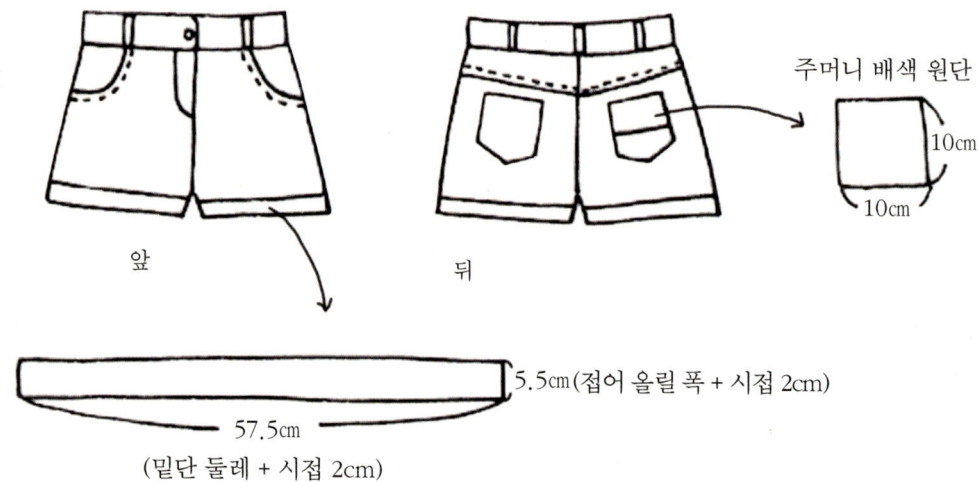

만들기

01 청 반바지 앞면이에요.

02 청 반바지 뒷면이에요.

03 밑단 둘레 길이를 줄자로 재요.

04 접어 올릴 폭을 정한 다음, 폭을 재요.

05 3, 4에서 재어놓은 사이즈에 시접을 더한 원단을 2장 준비해요.

06 긴 면의 위아래를 1cm씩 접어 다림질해요.

07 접은 면을 편 후 겉면끼리 맞대고 시접 1cm로 박음질해요.

08 완성된 밑단의 모습이에요.

09 청 반바지를 뒤집어, 준비해 놓은 밑단과 안면끼리 맞대고 시침핀으로 고정해요.

10 둘레를 끝박음질해요.

11 밑단이 부착된 모습이에요.

12 청 반바지 뒤의 한쪽 주머니를 반 정도 뜯어내요.

13 시접 1cm를 남기고 잘라내요.

14 원단에 잘라낸 사이즈만큼 사각형을 그리고 재단, 입구가 될 부분을 2cm씩 두 번 접어서 박음질해요.

15 윗부분은 끝박음질로 한 번 더 눌러 박음질해요.

16 청 반바지 주머니와 15를 겉면끼리 맞대고 시침핀으로 고정해요.

17 시접 1cm로 박음질해요.

18 양옆은 주머니 폭에 맞게 잘 접어서 주머니 모양을 잡아요. 그런 다음 시침핀으로 고정해요.

19 둘레를 박음질해요.   **20** 주머니가 부착된 뒷모습이에요.   **21** 완성된 앞모습이에요.

Part 5 아주 쉽고 색다른 리폼 아이디어

부라더미싱

부라더 SEWING FACTORY

부라더 소잉팩토리는 재봉기 무료체험은 물론, 직수입 고급원단과 부자재
그리고 최고급 원부자재로 재봉 스킬을 배울 수 있는 다양한 프리미엄 강좌까지!
재봉기로 누릴 수 있는 다양한 재미가 가득한 DIY 멀티매장입니다.

당신의 특별함을 완성하는 곳, 부라더 소잉팩토리

TEL 전국어디서나 **1899-2323**

WEBSITE www.brothersf.co.kr